My Canadian Experience – Meine Erlebnisse in Kanada

Für meinen Freund Gigi und für meine Eltern

Stefanie Maria Schmid

My Canadian Experience – Meine Erlebnisse in Kanada

ÜBER DIE AUTORIN

Stefanie Maria Schmid wurde 1977 in Aalen (Ostalbkreis) geboren. Seit ihrer Jugend liebt sie es, die Welt zu bereisen. 2011 unterbrach sie ihre langjährige berufliche Laufbahn, um zum ersten Mal alleine in ein ihr völlig fremdes Land zu reisen und dort zu leben. Das Buch *My Canadian Experience – Meine Erlebnisse in Kanada* entstand aus ihren Tagebuchaufzeichnungen und erzählt auf unterhaltsame Weise von ihrer Reise per Rucksack und von ihren Arbeitsstationen in den unterschiedlichsten Regionen Kanadas.

Bibliografische Information der Deutschen Nationalbibliothek
Die Deutsche Nationalbibliothek verzeichnet diese Publikation
in der Deutschen Nationalbibliografie; detaillierte bibliografische
Daten sind im Internet über http://dnb.d-nb.de abrufbar.

© 2014 Stefanie Maria Schmid
Umschlaggestaltung: Stefanie Maria Schmid
Umschlagbild: Stefanie Maria Schmid
Satz, Herstellung und Verlag:
BoD – Books on Demand
ISBN 978-3-7357-5460-8

Inhalt

Vorwort

Ende Februar 2011 entschied ich mich, noch einmal etwas ganz Neues zu wagen. Nach geraumer Zeit im Berufsleben wollte ich den gewohnten Alltag und mein Zuhause für eine Weile verlassen, bevor es zu spät dafür wäre und ich diese Chance nie wieder wahrnehmen würde. Ich ließ den Hin- und Rückflug, sowie den Englischkurs über eine Organisation managen.

Vier Monate später begann mein neuer Lebensabschnitt. Ich ließ meine Familie und meine Freunde für ein Jahr zurück, um in Kanada, dem zweitgrößten Land der Erde, zu reisen und zu arbeiten. Kanada hat eine Gesamtfläche von 9.976.085 km^2, aber nur etwa 33 Millionen Einwohner. Die meisten von ihnen leben innerhalb eines rund 161 km breiten Gürtels entlang der Grenze zu den USA.

Beim Ausfüllen der Reiseunterlagen musste ich angeben, an welchem Flughafen ich ankommen wollte und wo ich den Heimflug antreten würde. Ich beschloss, in Vancouver zu starten und vor Beginn meiner eigentlichen Reise einen zweiwöchigen Sprachkurs zu absolvieren, denn meine letzte Englischunterrichtsstunde lag 14 Jahre zurück. Für den Rückflug kamen Vancouver, Montreal oder Toronto in Frage. Nach Rücksprache mit Freunden entschied ich, von Toronto aus wieder heimzufliegen. In einem Jahr bis nach Toronto zu kommen, würde ich schon schaffen, sagte ich zu meinen Freunden: »Und wenn ich auf einem Büffel von West nach Ost reiten muss!«

Je nachdem, wie es sich ergeben würde, so dachte ich, würde ich einen Job in einer Immobilienagentur oder in einem anderen Büro annehmen. Als Tellerwäscherin oder sonstige Aushilfe in einem Restaurant wollte ich jedoch nicht arbeiten, das sind meiner Meinung nach Jobs für Studenten, für Leute mit wenig Arbeitserfahrung oder natürlich für Berufspersonen dieses Sektors. Zwei Wochen vor Abflug erfuhr ich von meiner Organisation, dass ich auch auf verschiedenen Farmen arbeiten könnte. »WWOOF« nenne sich das und bedeute »World Wide Opportunities on Organic Farms«, mit anderen Worten: weltweite Möglichkeiten zur Mitarbeit auf ökologischen Bauernhöfen. Der sogenannte WWOOFer-Account (WWOOFer-Kennung) mit Überblick über alle »hosts« (Gastgeber respektive Farmer) in ganz Kanada war automatisch über meine Organisation mit dabei.

Mit der WWOOFer-Kennung kann man sich online über den Standort der Farmen informieren. Man erfährt auch, ob es sich dabei um einen Bauernhof mit Tierhaltung handelt oder um eine Farm, die sich vorwiegend dem Anbau von Gemüse widmet. Für seine Mitarbeit bekommt der WWOOFer Kost und Logis auf dem Gasthof. Oftmals sind auch schon grob die Aufgaben beschrieben, die den künftigen WWOOFer auf der Farm erwarten. Bei Interesse kontaktiert man die Farmer per E-Mail oder bewirbt sich telefonisch. Nach getaner Arbeit wird man von den Farmern bewertet, und man schreibt ebenfalls eine Bewertung der Farm. So haben zukünftige hosts, aber auch zukünftige WWOOFer einen Anhaltspunkt.

Das Tolle an der Sache ist, dass man so gleichzeitig im Land herumkommt, arbeiten kann und eine Menge lernt – über den Anbau von Obst und Gemüse und über alle Arten von Tieren. Ganz nebenbei ist es eine fantastische Möglichkeit zu erfahren, wie andere Menschen leben, wie sie kochen, in welcher Umgebung sie wohnen und welche Lebensfreuden, aber auch welche Sorgen und Probleme sie haben. Als WWOOFer erlebt man das Land nicht nur als Tourist, und nicht zuletzt vertieft man seine Kenntnisse der englischen Sprache.

Genau das war es, was ich machen wollte: reisen, mein Englisch verbessern, neue Leute kennenlernen und mehr über ihren Lebensstil und ihre Kultur erfahren. Tiere mochte ich, mehr über sie zu lernen, interessierte mich ebenfalls. In einem Büro arbeiten konnte ich immer noch, wenn ich wieder »back in Germany« wäre. Oder wenn mir mein Erspartes ausgehen sollte.

Am Flughafen in Frankfurt am Main traf ich am Abflugterminal auf verschiedene Grüppchen junger und junggebliebener Leute, die teils mehr, teils weniger aufgeregt miteinander schnatterten. Für mich war es wichtig, erst mal den Abschied von Familienmitgliedern und Freunden zu verdauen und bei mir selber anzukommen. Von nun war ich ganz auf mich allein gestellt.

Stationen

1 Die Ankunft

Vancouver (Britisch-Kolumbien): 08.–24.06.2011

Nach einem angenehmen Flug, während dem ich auf Grönland und dessen endlosen Weiten aus Eis und Schnee blicken konnte, flogen wir endlich über Kanada, und ich erhielt einen ersten Eindruck von der Größe dieses Landes. Als wir über die Rocky Mountains glitten, bekam ich beim Anblick der riesigen Gebirgsketten, die sich schier endlos durch die Landschaft zogen, eine Gänsehaut.

Nun flogen wir die westlichste Provinz Kanadas an: British Columbia, liebevoll »Beautiful British Columbia« genannt. Zwei Gebirgsketten – die Rocky Mountains, kurz »Rockies«, im Osten und die Coast Mountains an der Pazifikküste – bestimmen die Topographie der beliebten Provinz. Vancouver, die jüngste Stadt der Erde, gefiel mir bereits aus der Luft. Die Millionenstadt hatte sich fast ausschließlich im 20. Jahrhundert entwickelt und liegt zwischen Bergen eingebettet.

Nach dem Verdauen des Jetlag nach dem neunstündigen Flug waren die ersten paar Tage ausgefüllt mit verschiedensten Informationsveranstaltungen, die von einem Partnerbüro meiner Organisation in Deutschland geleitet wurden. Wir bekamen Informationen über das Land, über die Art und Weise, wie man hier Arbeit fand und sich eine Wohnung mietete sowie über die Gepflogenheiten beim Autokauf und späteren -verkauf. Nach der vorletzten Infoveranstaltung kam bei der Gruppe und den Grüppchen, mit denen ich von Frankfurt aus losgeflogen war, Hektik auf. Nahezu jeder wollte sofort einen Job finden und sich dann natürlich auf Wohnungssuche begeben. Ich war froh, für die nächsten zwei Wochen den gebuchten Englischkurs zu haben und konnte mich somit entspannt zurücklehnen.

Am Montag war es dann so weit: Der Einstufungstest für den Englischunterricht stand bevor. Der schriftliche Teil bestand aus einem etwa fünfseitigen Fragebogen zu allen möglichen Themen, dann wurde das mündliche Ausdrucksvermögen anhand einer auf einem Foto abgebildeten Szene getestet. Hier sollte man beschreiben, was zu sehen war und wiederum spontan gestellte Fragen beantworten. Nach kurzer Zeit bekam ich Bescheid, welchem »level« (Grad) meine Englischkenntnisse entsprachen und welcher Schulklasse ich zugeordnet war. Ich erfuhr zudem, dass es in der Schule untersagt war, andere Sprachen als Englisch zu sprechen. Tat man es doch, riskierte man einen Schulverweis.

Bis zum Nachmittagsunterricht hatte ich noch Zeit und schlenderte mehrere Seitenstraßen entlang. Mittags wurde in meiner Klasse »listening comprehension« (Hörverstehen) und dann »vocabulary« (Vokabeln) unterrichtet. Morgens fand der Unterricht in der »Basisklasse« mit dem Klassenlehrer und allerlei Themen wie »grammar« (Grammatik) und »times« (Zeiten) statt.

Der Unterricht machte mir morgens wie nachmittags Spaß. Verwundert war ich jedoch über die vielen jungen Schüler – ich schätzte sie auf 18, höchstens 20 Jahre alt – aus dem asiatischen Raum. Später wurde ich eines Besseren belehrt und erfuhr, dass die meisten am Englischunterricht teilnehmenden Asiaten bereits ein Studium gemacht hatten und mindestens 25 Jahre alt waren. Das verblüffte mich immer wieder aufs Neue.

Es gab viele Lehrer und Lehrerinnen, und die meisten waren jung und verstanden es, uns mitzureißen. Ein Lehrer erzählte uns gleich seine ganze Lebensgeschichte und informierte uns sogar über seine Geldinvestitionen. Diese Offenheit, die mir anfangs so besonders schien, war in Kanada wahrhaftig keine Seltenheit. Die Kanadier sind sehr höflich, nett, zuvorkommend und ehrlich. Das sollte ich im Lauf der Zeit, die ich mit ihnen verbrachte, immer wieder sehr schätzen.

Zurück zu meinen asiatischen Mitschülern: Normalerweise habe ich keine Probleme damit, mir Namen zu merken, erst recht nicht, wenn die Person direkt vor mir steht und ich »ein Gesicht dazu« habe. Nun aber sah ich in Gesichter, die für mich alle ähnlich aussahen, alle hatten tiefschwarze Haare, und ich hatte mir nicht nur viele Namen zu merken, nein, ich hatte mir Namen zu merken, die Sunjing, Hongtse oder Jungtse lauteten. Alle klangen zum Verwechseln ähnlich. Begrüßt wurde ich von ihnen mit »Good morning Stefanie« oder »Hi Stefanie«, während von mir nur ein knappes, wenn auch freundlich gemeintes »Good morning« oder »Hi« zurückkam. Aber was hätte ich machen sollen? Die Mitschüler mit dem falschen Namen anzureden, wäre noch unhöflicher gewesen. So verband ich meinen Gruß immerhin mit einem freudestrahlenden Lächeln …

In meiner Schulklasse, wie auch in der gesamten Englischschule, waren einige Schweizer. Im Laufe meiner Reise durch Kanada würde ich noch so viele Schweizer treffen, dass ich mich immer wieder fragte, ob in der Schweiz überhaupt noch welche lebten. Who knows?

Das Lernen war mit viel Spaß verbunden, und die zwei Wochen brachten mir wirklich was. Nicht so sehr, was die Grammatik betraf, die beherrschte ich noch von meiner Schulzeit. Was viel wichtiger war: Der Englischunterricht hatte mir die Angst vor dem Sprechen genommen. Das ist sehr wichtig. Denn eine Sprache lernt man, indem man sie spricht und anwendet.

Während meiner zweieinhalb Wochen in Vancouver wohnte ich in einem »youth hostel« (Jugendherberge), wo ich die unterschiedlichsten Leute traf. Seit einigen Jahren schon ging ich auf internationale Reisen, doch bisher war ich immer mit Freunden oder mit meinem damaligen Freund gereist. Auf unseren Reisen hatten wir immer von Deutschland aus ein Auto gemietet, ebenso hatten wir die Unterkünfte wie Hotels oder B&B's (Bed-and-Breakfast-Unterkünfte, also Übernachtungen mit Frühstück) von Deutschland über das Reisebüro buchen lassen. Oft hatte ich zu anderen und auch zu mir selbst gesagt: »Alleine reisen, das könnte ich nie, das würde ich niemals machen.« Und nun tat ich genau das.

Ich reiste alleine, schlief im youth hostel, später dann auf den WWOOFing-Farmen, bei fremden Leuten. Außer dem Hinflug, meinem Englischkurs, der Unterbringung für die erste Zeit in der Jugendherberge und dem Heimflug in einem Jahr von Toronto aus war nichts geplant.

Bis zum heutigen Tage kann ich jedem empfehlen, alleine zu reisen und nicht allzu viel im Voraus zu planen – denn wer weiß, was kommt. Viele Dinge ergeben sich im Laufe der Reise und auch im Laufe des Lebens. Das war nun meine Aufgabe hier in Kanada, für mich persönlich und für das nächste Jahr: abzuwarten und alles schön langsam und gemütlich anzugehen. Wenn ich unruhig wurde, versuchte ich mich wieder irgendwie zu beruhigen und mir zu sagen: Mal sehen, was noch so kommt.

Im hostel schlief ich in einem Viererzimmer im oberen Teil des Hochbetts. Ein paar Nächte lang schlief gegenüber ein Mädel namens Sun-Chi aus Japan. Sie plante, vier Tage im hostel zu wohnen und sich innerhalb dieser Zeit eine neue Bleibe und einen Job zu suchen sowie ein Bankkonto zu eröffnen. Na wenn das mal gut geht, dachte ich. Sun-Chi fragte mich nach meiner Meinung, was sie denn nur zuerst tun sollte. Ich konnte ihr nicht wirklich einen Rat geben, denn ich steckte nicht in einer ähnlichen Situation. Kopfschüttelnd sah ich sie an und fragte, warum sie sich eigentlich den ganzen Stress antue, das würde sie zu Hause niemals machen. Sie schaute mich an und bestätigte dies mit einem eifrigen Nicken.

Eines Morgens hörte ich im Halbschlaf Gekicher, und als ich mit Müh und Not die Augen öffnete, sah ich über mir ein großes, weißes Etwas. Erschrocken fuhr ich auf, rieb mir schlaftrunken die Augen und hörte nun lautes Gelächter. Sun-Chi hatte mich mit ihrem Plüschhasen geweckt und schüttet sich immer noch aus vor Lachen. Unsere Zimmerkolleginnen stimmten mit ein, und schließlich musste auch ich lachen. So was aber auch! Jetzt war ich wirklich hellwach. Sun-Chi verriet mir auch gleich den Grund für ihre gute Laune: Sie habe eine Wohnung gefunden, und bald stehe ihr auch ein Vorstellungsgespräch bevor. Ich gratulierte ihr und freute mich aufrichtig für sie. Am nächsten Abend zog sie aus der Jugendherberge aus – mit ihren vier großen Koffern und, last but not least, dem weißen Plüschhasen.

Nach meinem Englischunterricht blieb mir immer viel Zeit, die Stadt zu erkunden. So durchwanderte ich alleine den großen, berühmten Stanley-Park, genoss die ruhigen Plätzchen und bestaunte den fast zugewachsenen kleinen See. Begeistert war ich von den Eichhörnchen, die durch den Park flitzten. Sie sahen nicht nur anders aus als jene, die ich aus Deutschland kannte, sie waren auch nicht so scheu, zudem waren sie in reichlicher Anzahl vorhanden.

Als ich meinen ersten »racoon« (Waschbären) sah, brach ich in Entzückungsschreie aus. Der war ja so süß! Als ich wieder Richtung Stadtzentrum lief, diesmal am Wasser entlang, sah ich eine Menge Waschbären. Doch auf einmal waren sie nicht mehr nett und putzig, sondern wirkten feindselig und aggressiv. Sie kämpften nicht nur miteinander, sondern stürzten sich auch, mit gesträubtem Nackenfell und fauchenden Lauten, auf die vorbeischwimmenden Enten. Einer entzückten Touristin bissen sie sogar in den Finger. »It wasn't me.« (Ich war's aber nicht, der sie in den Finger bissen, aber das nur am Rande.)

Vancouver downtown (das Stadtzentrum) ließ sich sehr gut zu Fuß erkunden. Jedoch empfiehlt es sich – wie in jeder anderen Stadt, in der man als Tourist unterwegs ist –, eine Karte mit sich zu führen und hin und wieder auch einen Blick darauf zu werfen und zu schauen, wo man sich denn gerade befindet.

Beim Kartenlesen passierte mir immer wieder dasselbe: Gerade wenn ich mich zurechtgefunden hatte, wurde ich von jemandem angesprochen und gefragt, ob man mir helfen könne. Man konnte! Denn schließlich war ich Touristin und von der Freundlichkeit und Nettigkeit der Kanadier begeistert. Dass ich immer wieder auf dieselbe Weise angesprochen wurde, amüsierte mich, und kurz überlegte ich mir, beim nächsten Mal nicht begeistert »Yes« zu sagen, sondern »Shut up, please!« (Bitte seien Sie still!). Aber das wäre nun wirklich unhöflich von mir gewesen, und weshalb hätte ich das sein sollen? So antwortete ich das nächste Mal wieder mit »Yes, please« und hatte gleichzeitig ein breites Grinsen im Gesicht.

Inzwischen hatte ich mich entschieden, zu einer Bekannten, die auf einer Farm arbeitete, zu reisen. Ihr Name war Tina, und ich hatte sie am Flughafen von Vancouver flüchtig kennengelernt. Sie war auch von Frankfurt aus gestartet und hatte in Duncan auf Vancouver Island einen sechsmonatigen Farmaufenthalt geplant. Auf der ökologischen Gemüsefarm, auf der sie arbeitete, wollte auch ich die nächsten ein bis zwei

Wochen bleiben. Vorher wollte ich mich aber in der Hauptstadt Britisch Kolumbiens, Victoria, auf Vancouver Island etwas erholen und mir einen wohlverdienten Urlaub von meiner Schulzeit in Vancouver gönnen.

Beim Flanieren am Gewässer des Burrard Inlet in Vancouver und am Canada Place hatte ich verschiedene Wasserflugzeuge gesehen. Ihr Anblick begeisterte mich. Noch nie war ich mit einem solchen Flugzeug geflogen, und so plante ich, mit dem Wasserflugzeug nach Victoria zu fliegen. Das war zwar ganz schön teuer, aber ich ersparte mir auch viel Zeit, denn auf dem Landweg hätte ich zuerst mit dem Bus, dann mit der Fähre und dann wieder mit dem Bus reisen müssen. Die Reise im Wasserflugzeug war etwas, das ich unbedingt erleben wollte – und das ich so schnell nicht mehr vergessen würde. Aber mehr dazu später.

An meinem letzten Schultag bekam ich mein Zertifikat ausgehändigt. Die Klassenmitglieder stellten sich für das Klassenfoto vor die Tafel, auf der Abschiedsgrüße in unterschiedlichen Sprachen standen. Der Abschied von meiner Klasse fiel mir ehrlich gesagt nicht leicht. Doch dies war nur der erste in einer ganzen Reihe von noch bevorstehenden Abschieden von lieben und liebgewonnenen Menschen in Kanada.

Nach meiner letzten Unterrichtsstunde lief ich mit meinem ganzen Hab und Gut, bestehend aus einem großen Rucksack, den ich auf dem Rücken trug, einem kleineren Rucksack, den ich mal in der rechten, mal in der linken Hand trug, und meiner Gürteltasche an die »waterfront« – das Hafengebiet. Nun wurde ich immer aufgeregter. Eingecheckt wurde wie am normalen Flughafen, alles war jedoch sehr viel kleiner. Das Wetter war mir hold. Ich konnte zwar die eine oder andere Wolke sehen, aber so nach und nach klarte der Himmel auf.

2 In der Stadt der Orcas

Victoria, Vancouver Island (B.-K.): 24.–27.06.2011

Mein Flug mit dem hydroplane (Wasserflugzeug) hatte es in sich. Mit mir und dem Piloten waren zwölf Personen an Bord. Ein unerhört lautes Propellergeräusch begleitete uns. Dadurch wollte ein an sich interessantes Gespräch mit meinem Sitznachbarn nicht so recht zustande kommen, obwohl die Passagiersitze eng beieinander standen. Das kleine Propellermaschinchen wurde bei jedem Luftstoß mal nach links, mal nach rechts gedrückt und konnte dem Vergleich mit einer abenteuerlichen Fahrt in einer Achterbahn auf alle Fälle standhalten.

Ich widmete mich der tollen Aussicht auf Vancouver und dessen Vororte. Vancouvers Flughafen erinnerte von so hoch oben an einen Spielplatz, und unweit sah ich Unmengen an Holzstämmen im Meer liegen. Aus der Luft machte ich immer wieder Häuser und Hütten mit eigenen Bootsstegen an den entlegensten Plätzen aus. Alles roch nach Natur, Wildnis und Abenteuer. Darauf freute ich mich unbändig.

Vancouver Island ist eine von fast 7000 Inseln vor der pazifischen Küste und die größte Insel Nordamerikas. Bei der Landung im Hafen von Victoria umfing mich mediterranes Flair, was bei mir sofort ein Gefühl von Urlaub auslöste. Mit Erstaunen sah ich, wo mein Rucksack und das Gepäck aller Passagiere untergebracht worden waren: Die Crew entnahm ein Gepäckstück nach dem anderen einem riesigen Plastiksack, der wassergeschützt in den Gleitschienen des hydroplanes untergebracht war. Nachdem ich mein Gepäck in Empfang genommen hatte, genoss ich noch ein Weilchen den Start und die Landung anderer Wasserflugzeuge. Das war ein ständiges Starten und Landen, denn die hydroplanes sind die wichtigste Verkehrsverbindung zwischen Victoria und Vancouver.

Als ich in meinem hostel eingecheckt hatte, beschloss ich, die Stadt erst einmal zu Fuß zu erkunden. Gemütlich schlenderte ich durch Victorias Chinatown – das chinesische Viertel, über das wohl jede kleinere und größere nordamerikanische Stadt verfügt. Danach bummelte ich weiter auf den Marktplatz, an vielen Lädchen und Souvenirgeschäften vorbei. Viele Leute schlenderten durch die Gassen der Innenstadt, und ich sah mehrere Skulpturen von Killerwalen. Diese Tiere, sie werden auch Orcas genannt, tummeln sich im fischreichen Gewässer vor Victorias Küste und gelten als Wahrzeichen der Stadt. In der bunten Innenstadt waren sie als Kunstwerke angemalt oder mit Blumen bepflanzt zu bestaunen.

Am Hafen machte ich winzige runde Boote, Wassertaxis, aus. Um die Hafenanlage befanden sich mehrere Stände mit Souvenirs, Büchern und Kunstgegenständen. Unweit davon waren die herrlich gelegenen Parlamentsgebäude zu erblicken, die, wie ich später feststellen würde, nachts von unzähligen Glühlampen beleuchtet erstrahlten. Bei meinem weiteren Spaziergang sah ich wunderbare Hausboote in allen Variationen.

Bei der Touristeninformation machte ich die nächste Attraktion für mich aus: eine Killerwalbeobachtungstour im Luftkissenboot! Das wollte ich unbedingt erleben. Die schnellen und wendigen Luftkissenboote konnten mit maximal zwölf Passagieren besetzt werden. Das Beobachten der Orcas würde zum einmaligen Erlebnis werden, da war ich sicher. Aber ehrlich gesagt, als ich die Tour gleich für den nächsten Tag gebucht hatte, war mir schon ein bisschen mulmig zumute. Was da nicht alles passieren konnte! Um mich abzulenken, setzte ich mich auf ein Bänkchen und beschloss, mich nicht zu sehr zu sorgen und stattdessen die Aussicht auf den Hafen und das sonnige, milde Klima zu genießen.

Am nächsten Morgen erwachte ich voller Aufregung. Beim Anblick des strahlend blauen Himmels verblasste diese jedoch schnell. Sie steigerte sich erst wieder, als ich am Bootssteg angekommen unterschreiben musste, dass ich mir aller möglicher Gefahren bewusst sei. Im Boot wählte ich sicherheitshalber einen Platz direkt vor dem Fahrer im hinteren Teil des Bootes, denn je weiter vorn man im Boot saß, umso mehr Wind bekam man ab und umso unstabiler war das Boot.

Killerwale sind dafür bekannt, dass sie immer in den gleichen Jagdgründen jagen und sich schnell immer weiter aufs offene Meer vorarbeiten. Deshalb war Eile geboten, wenn wir diese Tiere in Küstennähe sehen wollten.

Auf den ersten Blick, so erklärte uns unser Fahrer und »guide« (Führer), sehen alle Orcas in der Region gleich aus. Betrachtet man aber ihre Nahrungs- und Jagdgewohnheiten sowie die Verständigung untereinander, lassen sich drei Arten unterscheiden: Die Offshore-Schwertwale, über die man bis heute wenig weiß, halten sich meist in weitem Abstand zur Westküste von Vancouver Island auf. Sie leben in Verbänden von 60 und mehr Tieren und ernähren sich von verschiedenen, teils großen Fischarten. Die Transient-Schwertwale, die wegen ihres nomadischen Lebensstils so genannt werden, tauchen einzeln oder in kleinen Gruppen an den verschiedensten Orten auf. Sie fressen andere Meeressäuger wie Seehunde und Seelöwen, verschiedene kleinere Walarten und Delfine. Die Resident-Schwertwale schließlich sind in bis zu zwanzig Tieren umfassenden Familiengruppen, sogenannten »pods«, zu Hause. Sie leben vor den Gewässern Victorias, in der Wasserstraße von Georgia und der Juan-de-Fuca-Straße, und ernähren sich hauptsächlich von Lachs.

Mit großer Geschwindigkeit fuhren wir Richtung offenes Meer hinaus. Es machte wirklich Spaß, über die Wellen zu fliegen und sich in die Kurven zu legen. Meine Aufregung war mit dem Fahrtwind schnell verflogen. Wir hatten Glück und sahen die eleganten Tiere immer wieder aus dem Wasser auftauchen und wieder eintauchen. Ein Tier hielt sich auch direkt neben unserem Boot auf. Diese Tiere in natura sehen zu können, war ein unbeschreibliches Gefühl. Klar, die Aufnahmen in einem Tierbuch oder Film sind nicht mit eigenen Fotoaufnahmen und Erlebnissen zu vergleichen. Ein Fotograf und Tierfilmer braucht aber auch sehr lange für seine Aufnahmen und verfügt über eine Profiausrüstung. Und vor allen Dingen: Man war nicht selbst dabei und hat es nicht live miterlebt!

Am nächsten Tag unternahm ich eine leichte Wanderung zum naheliegenden Beacon Hill Park. An dessen Ende entdeckte ich ein Hinweisschild, dass genau hier die »Mile Zero« des Trans-Canada-Highways beginne. Dessen anderes Ende liegt in Neufundland, St. John's.

Zurück in Victoria sah ich vor dem beeindruckenden Hotel The Empress junge Erwachsene in Anzug, Cocktailkleidern und langen Kleidern, die ihren Schulabschluss feierten. Die Feier wird im amerikanischen Raum als »graduating« bezeichnet. Nachdem ich das Ereignis einige Zeit beobachtet hatte, gönnte ich mir etwas Ruhe auf einer Bank im naheliegenden Park, um die vielen Eindrücke der letzten Tage setzen zu lassen. Morgen schon würde wieder ein neuer Abschnitt für mich beginnen.

3 Auf der Erdbeerfarm

Duncan, Vancouver Island (B.-K.), WWOOFing 1: 27.06.–18.07.2011

Auf meiner Busfahrt mit dem greyhound-Bus, dem flächendeckenden Busunternehmen für Langstrecken in Kanada (»greyhound« bedeutet Windhund), nahm ich die wunderbare Landschaft und die vielen Seen am Straßenrand wahr. Nach drei Wochen Stadtluft war dies nun meine erste Fahrt in eine ländliche Gegend.

Als ich am Nachmittag an der Busstation in Duncan ankam, wartete der Farmer höchstpersönlich auf mich. Aus den Augenwinkeln nahm ich das dreckige Auto mit einem innerlichen Schulterzucken wahr. Es ist eben ein Farmwagen, so dachte ich bei mir.

Auf der Farm angekommen, wurde ich in das Zimmer geführt, in dem ich mit Tina, der Bekannten aus Vancouver, für die nächste Zeit wohnen sollte. Das zweite Bett, ein Etagenbett, bot für zwei weitere Personen Platz und war noch nicht belegt. So suchte ich mir das untere Bett aus, das erschien mir praktischer, schon wegen des fehlenden »Aufstiegs«. Die Latte entlang des oberen Stockbettes war zudem lose und mit einem breiten, hässlichen braunen Klebeband mehr schlecht als recht gesichert. Überrascht und zugleich angewidert stellte ich fest, dass zwar befleckte Matratzen und Bettdecken von ebenfalls zweifelhafter Sauberkeit vorhanden waren, aber keine Bettwäsche aufzufinden war. Was soll's, dachte ich, ich habe ja meinen Schlafsack dabei. Zum Glück! Denn um saubere und fehlende Bettwäsche scherte man sich hier nicht.

Nach kurzer Stärkung am Familienesstisch wurde ich auch schon nach draußen geführt und den anderen WWOOFern vorgestellt. Tina kam mir freudestrahlend entgegen und umarmte mich. Sie war mit der Farmerin und einem anderen WWOOFer aus Deutschland damit beschäftigt, das große Beet mit den Salatköpfen von Hand (!) von aufkeimendem Unkraut zu befreien.

Auf der Farm arbeiteten außer dem Farmer und seiner Frau zeitweilig auch deren vierzehnjähriger Sohn und nun fünf WWOOFer mit. Hierzu zählten ein junger Student namens Alex aus Holland, Claudia, eine Deutsche, die schon seit Jahren in Vancouver lebte und seit mehreren Monaten auf der Farm arbeitete, Jan aus Deutschland, Tina und ich. Claudia hatte an diesem Tag Geburtstag, und dieser wurde abends mit gutem Essen sowie selbst angesetztem Brennnessel- und Löwenzahnwein gefeiert. Am nächsten Abend gab es dann gegrilltes Fleischhühnchen – was für ein Gaumenschmaus! Die Farm, auf der ich für die nächsten drei Wochen arbeiten würde, war eine rein ökologische Gemüsefarm, die für ihre Kunden jeden Monat einen bestimmten Anteil an Gemüse produzieren musste, denn die Kunden hatten bereits im Voraus für ihre »veggies« (Gemüse) bezahlt. Zum Hof gehörte noch ein Farmcafé, das an einigen Tagen unter der Woche sowie an Samstagen und Sonntagen geöffnet hatte. An einem Tag unter der Woche und am Samstag gab es vor dem Café immer die unterschiedlichste Auswahl an veggies zu kaufen. Die Familie besaß zwei Kühe, die für sie und alle WWOOFer die Milchlieferanten waren. Es gab Hühner, ein paar Katzen, den Hofhund und »meat chickens« (Fleischhühnchen). Diese Art von Huhn setzt innerhalb kurzer Zeit enorme Fleischmassen an und ist nach wenigen Wochen bereits schlachtreif.

Von uns WWOOFern wurden acht Stunden Arbeit pro Tag an fünf Tagen die Woche erwartet. Die Arbeiten waren anstrengend bis sehr anstrengend, fanden überwiegend an der frischen Luft statt und wurden teilweise ohne Werkzeuge vorgenommen. So wurde zum Beispiel das Unkraut »weeden« (jäten) zwischen den endlosen Gemüsereihen von Hand erledigt! Abends erinnerte mich mein Rücken immer wieder an die erbrachte Tagesleistung, die in der Hocke, manchmal sogar liegend, vorgenommen wurde. Auf dem Bauch liegend Unkraut zu jäten, ist zwar nicht sehr effektiv und auf Dauer ebenfalls unbequem, aber es entlastet für gewisse Zeit den Rücken.

Während der Arbeitszeit hatten wir Mädels trotzdem sehr viel Spaß, und auch nach Feierabend unternahmen wir einiges miteinander. Wir alberten oft herum, vor allem wenn wir der Chefin des Hauses im Hofcafé zur Hand gingen. Da wurden Pizzen gebacken, wir mussten kiloweise Salat waschen und die Marktstände herrichten. Das Farmcafé war immer zu wischen, ebenso die Küche des Cafés. Die Blumendekoration wurde bald schon mir übertragen, denn Dekorieren machte mir Spaß. Das Problem war nur die etwas spärliche Auswahl an Blumen: Es gab nur die, die um den Hof herum wuchsen. So war es oft eine Herausforderung für mich, entsprechende Dekorationen fürs Café zu fertigen. Aber ich kann behaupten, dass ich immer einen guten Job machte.

Meistens musste Claudia, später dann ich, im Café beim Bedienen helfen. Es kamen oft viele Kunden auf einmal, um ihre veggies zu kaufen und anschließend einen Happen zu essen, und es war nicht immer einfach, die Essen pünktlich und in der richtigen Reihenfolge an den Kunden zu bringen. Zwischendurch musste immer wieder Geschirr gespült und abgetrocknet werden, natürlich ebenfalls von Hand. Ein Geschirrspüler hätte sich sicherlich schon lange gelohnt – aber auf dieser Farm in Kanada waren ja schließlich genügend WWOOFer zur Stelle.

Um das Café herum und im ganzen Hof war alles unbefestigt und mit Schotter ausgelegt. In Deutschland, da waren wir uns einig, wäre schon lange geteert worden. So kam für mich noch eine weitere regelmäßige Aufgabe hinzu: das Fegen ums Café herum …

Ausgerechnet am »Canada Day« am 1. Juli musste ich im Café helfen – oh my god! Morgens stellte mir die Chefin höchstpersönlich die Frage, ob ich im Café mitarbeiten würde. Das klang so: »I was wondering if you could help me with the cafe?«, bedeutete aber nicht etwa, dass sie sich gewundert habe, ob ich mithelfen könnte, wie man vielleicht zu verstehen meint. Claudia half mir mit der richtigen Übersetzung: »Wäre es in Ordnung, wenn du im Café mithelfen würdest?« Eine wirkliche Wahl hatte ich ja wohl nicht.

Tja, das kanadische Englisch war etwas gewöhnungsbedürftig. Das hatte ich bereits festgestellt, als ich den ersten Kanadier getroffen hatte – allerdings nicht in Kanada, sondern Jahre vorher auf einer Reise nach Kuba. »Hey guys!«, lautete seine Begrüßung, und ich fragte mich, wo der denn entkommen war. Ich hatte in der Schule gelernt – und ich war eine sehr gute Schülerin und Englisch zudem eines meiner Lieblingsfächer gewesen –, dass »guy« soviel bedeutet wie »Typ« oder »Kerl«. Zwar war mein damaliger Freund mit von der Partie, aber ich war auch noch wer! Im Laufe meiner Reise durch Kanada lernte ich dann, dass »Hey guys!« eine übliche Anrede für eine Gruppe von Personen, also ab zwei Leuten, ist. Dabei spielt es keine Rolle, ob diese Gruppe aus weiblichen und/oder männlichen Personen besteht. Die Kanadier verwenden die Anrede für ihre Kinder, Verwandten und Freunde, ja sogar die Tiere sind »guys«.

Vorab musste im Café also immer alles geschrubbt, sauber gemacht und dekoriert werden, und wenn die Gäste kamen, und sie kamen in großer Anzahl, wollten diese auch bedient werden. Manches Mal war es gut, dass man nicht wusste, was da auf einen zukam. Nachdem sich das Café dann mehr und mehr geleert hatte, durfte der »Spültrupp«, der aus Claudia, Tina und mir bestand, anrücken. So eine Zeitverschwendung!

Sämtliche Klos, Waschbecken und Badewannen waren vom stark eisenhaltigen Wasser gelb gefärbt. Das Wasser war trinkbar, roch aber nach Schwefel, man musste es eine halbe Stunde im offenen Gefäß stehen lassen, damit sich der Gestank verflüchtigte. Selbst jetzt, während ich darüber schreibe, habe ich den Gestank sofort wieder in der Nase.

Eines Morgens wachte ich mit einem unerträglichen Juckreiz an meinem hinteren Oberschenkel auf: Ich war von Moskitos total zerstochen. Das musste ich unbedingt Claudia zeigen. In einem Affentempo rannte ich vom Bad unten ins obere Stockwerk, wo ich sie in der Küche antraf. Mit den Worten »Ich muss dir unbedingt was zeigen« zog ich schon meine Hose runter und zeigte ihr meinen geschwollenen Oberschenkel, dessen Form an einen Broccoli erinnerte. Claudia hatte Mühe, vor lauter Lachen ihr Getränk im Mund zu behalten. Schließlich schaffte sie es, den Rest hinunterzuschlucken, und laut lachend um sich schauend rief sie aus: »Zieh deine Hosen wieder hoch, es kann jeden Moment jemand kommen!« Sie hatte recht, an das hatte ich noch gar nicht gedacht. Mit hochrotem Kopf rückte ich das Kleidungsstück mit einer hektischen Bewegung wieder an den richtigen Platz. Kurze Zeit später stand tatsächlich ein anderer WWOOFer im Raum. Zurück in meinem Zimmer schüttete ich mich aus vor Lachen, später kam Claudia dazu, und als auch sie vor lauter Lachen nicht mehr an sich halten konnte, fragte die verwirrte Tina, was denn nun schon wieder los sei. Später stimmte auch sie in unser Lachen mit ein. Es war großartig.

Gleich in meiner ersten Arbeitswoche wurden wir fünf WWOOFer zum Ernten aufs Erdbeerfeld beordert. Ich erkannte das Erdbeerfeld zunächst gar nicht als solches, denn viele verschiedene hochwuchernde Pflanzenarten wie Salbei und Minze verdeckten die Erdbeerblätter. Erst bei näherem Hinsehen machte ich Unmengen an Erdbeerpflanzen aus. Die verschiedenen Kräuter zwischen all den Erdbeeren zeigten ihre Wirkung: Bei meiner ganzen Erntearbeit traf ich nicht eine einzige Schnecke an. Und so viele große und schöne Erdbeeren hatte ich noch nie in meinem ganzen Leben gesehen, geerntet und gegessen. Sie schmeckten einfach fantastisch.

Die Chefin war zuerst auch mit von der Partie. Jede Erdbeere, auch die kleinste, sollten wir pflücken, aber reif mussten sie sein. Kosten durften wir die Erdbeeren nur, wenn sie nicht so schön waren und für den Verkauf nicht mehr in Frage kamen. Denkste!, dachte ich mir. Zwischendurch hatte ich mir immer wieder, als Vitaminsnack und als Belohnung für die stundenlange Arbeit unter der sengenden Sonne, die schönsten, größten und appetitlichsten Erdbeeren gegönnt. Denn auch wenn wir alle Erdbeeren für den Verkauf ernteten – niemals würden alle verkauft werden können. Und schließlich würden auf dem Feld noch viele verfaulen und ungenießbar werden. So weit wollte ich es nicht kommen lassen. Nein, ich nicht!

Schließlich waren nur noch wir drei Mädels auf dem Erdbeerfeld. Die Chefin brauchte die anderen WWOOFer für andere Arbeiten. Wir ernteten fleißig. Dann war es, so fand ich, Zeit für eine Belohnung. Jede von uns sollte sich, so schlug ich vor, die größte Erdbeere, die sie nur finden konnte, in den Mund stecken, und dann würden wir sie gleichzeitig essen. Um genau vorzuführen, wann der richtige Zeitpunkt des Erdbeeressens war, erhob ich mich aus dem Feld, streckte mein lang gebücktes Kreuz gerade, und genau in dem Moment, als ich genüsslich in meine Erdbeere beißen wollte, hielt ich inne. Die anderen beiden waren wieder ins Erdbeerfeld abgetaucht und versteckten sich fast in den Pflanzen. Ich wunderte mich. Hatte ich was verpasst? Ahnungslos drehte ich mich um, und da sah ich die Chefin der Farm herannahen. Auweia! Sofort ging auch ich in die Knie, um fleißig weiterzuarbeiten, und gleichzeitig steckte ich mir die Riesenerdbeere in den Mund, nicht ohne fast zu heulen vor lauter Lachen.

Zum Essen gab es meistens Nudeln, Auflauf oder Pizza. Hin und wieder, wenn etwas im Café übrig geblieben war, gab es auch etwas von dem richtig guten Essen, das dort angeboten wurde.

Am Wochenende hatte Claudia für uns Mädels einen Wagen gemietet. Wir wollten gemeinsam zum Wandern und Campen in den Strathcona National Park reisen, der sich im Norden von Vancouver Island befindet. Schon die Vorbereitungen für unseren gemeinsamen Trip lösten in mir Abenteuerlust aus. Gleich am Freitagabend nach Arbeitsende starteten wir unsere Tour. So kamen wir glücklich, aber doch müde am Zeltplatz an und freuten uns auf ein gemütliches Abendessen mit gegrilltem Gemüse.

Zuerst entluden wir das Auto. Sämtliches Essen und alle Cremes mussten wir allerdings drinnen lassen. Bei geschlossenen Fenstern, versteht sich, um keine Bären anzulocken. Der Zeltplatz lag mitten im Wald, und wir bauten das Zelt auf Kieselsteinen auf. Beim Autoentladen stellte ich fest, dass ich keine Unterlage für meinen Schlafsack mitgebracht hatte. Ich hatte schlicht und ergreifend keine eigene, und so oft war ich auch noch nicht zelten gewesen, dass ich von selbst daran gedacht hätte. Das kann ja was werden, dachte ich, auf diesem steinigen Untergrund. Aber wie heißt es doch gleich? Not macht erfinderisch. Ich legte mir die Automatten als Unterlage hin, und in dieser Nacht sollte ich so gut und tief schlafen, wie in der ganzen Zeit noch nicht, die ich nun schon in Kanada war.

Die Sonne schien noch, so erkundeten wir ein wenig die Gegend um den Campingplatz. Ganz in der Nähe gab es einen kleinen See mit Strand und einer Wiese zum Spielen. Umso verwunderter war ich, dass hier niemand von den anderen Campern zu sehen war. Bei mir entstand der Eindruck, dass Kanadier am glücklichsten sind, wenn sie Wald um sich herum haben. Auch wenn die Sonne scheint – Hauptsache, es ist schattig.

Am nächsten Tag fuhren wir ein Stück mit dem Auto, um den Ausgangspunkt unserer Wanderung zu erreichen. In Kanada nennt man das »to go on a hike«, also auf eine Wanderung gehen. Das Wetter war gut, nicht zu warm und kein Regen. Auf dem Weg wurde es immer abenteuerlicher: Der Wald glich einem Regenwald, Moose und Farne wuchsen dicht an dicht, so weit das Auge sehen konnte. Der Weg, oder besser gesagt, der Trampelpfad, führte steil nach oben und verlor sich schließlich ganz. Enttäuscht stellten wir fest, dass wir zu keiner Zeit eine Aussicht hatten, da die Bäume so dicht wuchsen. Wir machten erst mal Pause und verzehrten mit Appetit unser mitgebrachtes Essen.

Auf einen hike zu gehen bedeutet hier nicht, gut erschlossene Wege zu haben mit Aussicht auf eine Hütte, die bewirtschaftet ist oder gar auf ein Bänkchen zum Hinsetzen. Nein, man läuft mit allem, was man an Verpflegung braucht, los. Manchmal ist man gezwungen, sich selber einen Weg zu bahnen. Dabei muss man immer vorsichtig sein, allerdings nicht möglichst leise, sondern möglichst laut: mit einer lauten Unterhaltung oder Gesang. Um unerwünschte Begegnungen zu vermeiden, trägt man am besten noch eine Bärenglocke bei sich. Große Bären sehen nicht besonders gut. Das können sie aber mehr als nur ausgleichen durch ihr besonders gutes Gehör – deshalb wird die Bärenglocke am Rucksack eines jeden hikers überall empfohlen. Bären verfügen auch über einen exzellenten Geruchsinn. Schwarz- oder Grizzlybären wittern einen sich nähernden Menschen über Hunderte von Metern – und schlagen sich dann meist in die Büsche. Menschen passen nicht in ihr Beuteschema. Der Grizzlybär wie der Schwarzbär, auch »Ursus« genannt, greifen nur an, wenn sie überrascht werden, sich bedrängt fühlen oder Jungtiere bei sich haben.

Uns begegnete auf unserem hike (leider) kein Bär. Beim Abstieg bekamen wir von Claudia netterweise ganz nebenbei Englischunterricht. Sie klärte uns auf, dass man in Vancouver »doing groceries« sagt, wenn man Lebensmittel einkaufen geht. Als wir weiterfuhren, begegneten wir unserem ersten Schwarzbären – vom Auto aus, aber in freier Natur!

Nachmittags hielten wir an einem lauschigen Picknickplatz an, um Rast zu machen. Wir ließen die Stille der Natur auf uns wirken und sahen »bald eagles« (Weißkopfseeadler). Der stolze Greifvogel erreicht Spannweiten von über zwei Metern. Seinem majestätischen Flug verdankt er den Beinamen »König der Lüfte«. Mit seinen scharfen Augen erkennt er die Beutetiere an den Küsten und in Seen und Flüssen auch aus großer Höhe. Er hat einen Hakenschnabel und kräftige Krallen. Weißkopfseeadler ernähren sich vor allem von Fischen und Wasservögeln.

Am späteren Nachmittag stiegen wir müde ins Auto und fuhren zum Campingplatz zurück. Den Tag ließen wir mit einem weiteren gegrillten Abendessen und lustigen Geschichten am Feuer ausklingen.

Wir ernteten während meiner drei Wochen auf der Farm nicht nur Erdbeeren. Auf allen möglichen Feldern musste das heranwachsende Gemüse von Unkraut befreit werden, natürlich von Hand. Zwischendurch stand die Ernte von Broccoli, Fenchel, Zuckererbsen und Petersilie an – bevor es wieder mal Erdbeeren zu ernten gab. Diese waren inzwischen in vier Kategorien zu unterteilen: die Unreifen, die Reifen, die Matschigen und die Verschimmelten. Nachdem die reifen Erdbeeren von uns Mädels abgeerntet waren, kam es zu einem blitzartigen Erdbeerangriff von Claudia auf Tina, und ehe wir es uns versahen, waren wir inmitten einer schaurig-schönen matschigen Erdbeerschlacht. Vor lauter Gelächter fiel es uns manchmal schwer, einen Angriff zu starten oder in die Verteidigung zu gehen.

Nach Feierabend gingen wir oft spazieren, fuhren mit den Fahrrädern ins Dorf, gingen auf Duncans Hausberg hiken oder zum Picknicken. Einmal picknickten wir mit unserem mitgebrachten Abendessen am nahegelegenen Fluss und erfrischten uns vorher beim Schwimmen im kühlen Nass. An einem Wochenende fuhren wir mit dem geliehenen Farmtruck nach Salt Spring Island. Dort mischten wir uns beim Kunsthandwerker- und Bauernmarkt, dem Farmers' Market, unters Volk. An verschiedenen Stellen musizierten talentierte Leute. Hier kauften wir auch Lebensmittel für ein weiteres leckeres Picknick, das wir uns bei einer lauschigen felsigen Bucht schmecken ließen.

An einem anderen Wochenende machten wir mit unserem WWOOFer-Kollegen Alex in dessen frisch erstandenem Honda, Baujahr 1983, eine Tour ins sogenannte Eco-Village. In diesem Dorf lebten mehrere Menschen unterschiedlichen Alters und aller möglichen Berufe zusammen. Sie bauten Obst und Gemüse an, aßen und feierten gemeinsam und versuchten dabei so ökologisch wie möglich zu leben. Da sie sparsam mit Wasser umgingen, gab es nur Komposttoiletten. Die darf man sich aber nicht vorstellen wie die Komposttoiletten, die wir kennen. Jede Toilette hatte einen Vorhang, der aus einem Leinentuch oder alten Kartoffelsack bestand, innen war es ganz gemütlich: Neben dem Klo stand ein Blumensträußchen, eine Kerze brannte, und manchmal gab es sogar Lesestoff. Über das »Geschäft« wurden Sägespäne gegeben. Vor der Toilette stand ein Wasserspender zum Händewaschen.

An diesem Wochenende war afrikanische Party angesagt. Es wurde getrommelt, getanzt und gefeiert, was das Zeug hielt. Ein unvergessliches Erlebnis! Alle waren eine große bunte Gesellschaft, eine Familie. Die Kinder und Babys der Dorfbewohner wurden im Gemeinschaftshaus zum Schlaf gebettet.

Auf der Heimfahrt waren wir eine Person mehr, ein Freund von Alex fuhr mit uns Richtung Duncan zurück. Er gehörte den ehemaligen Indianern, den »First Nations«, an. Seine Familie lebte in einer Jurte. Eine Jurte ist ein rundes Haus. Diese stand mitten im Wald. Kurz bevor wir dort ankamen, hörten wir hinter dem Auto ein lautes Geräusch – das Auspuffrohr des Hondas war abgefallen. Die beiden Jungs dokterten im nächtlichen Wald unter dem Auto herum … Das Geräusch eines Käuzchens machte es im Wagen nicht unbedingt gemütlicher. Irgendwie schaffte es unser Chauffeur dann doch, uns heil zur Farm zu fahren.

Für ein Wochenende kümmerte sich Claudia um das Haus und die Tiere einer Frau, die unweit der Farm lebte. Immer wieder war ich erstaunt, wie selbstverständlich und beliebt das house sitting in Kanada ist, auch unter Leuten, die einander nur flüchtig kennen. Mittlerweile kann ich es aber gut nachvollziehen, denn das Land ist so groß; Familien, Verwandte und Freunde sind über das ganze riesige Land zerstreut und wollen sich eben mal besuchen. Meistens haben Kanadier aber Tiere, die auch zu versorgen sind, so ist es mitunter nicht einfach, jemanden zu finden, der sich zuverlässig um Tiere und Haus kümmert.

An diesem Wochenende jedenfalls lud Claudia Tina und mich ein, um aus frischer Ziegenmilch Ziegenkäse herzustellen. Gleichzeitig köpften wir eine riesige Flasche Sekt und tranken auf unser Wohl – und auf den baldigen Abschied. Schließlich sollte es für mich demnächst wieder weitergehen. In Tofino, einem kleinen Ort an der Westküste der Insel und ein wahres Surfparadies, hatte ich schon für eine Woche ein hostel gebucht.

4 Bei Wölfen, Pumas und Walen

Tofino, Vancouver Island (B.-K.): 18.–26.07.2011

Auf der Fahrt von Duncan im Südosten von Vancouver Island nach To-fino, meinem Ziel im Westen der Insel, lernte ich wieder eine Deutsche kennen. Mit ihr verstand ich mich prächtig, und die lange Fahrt im Bus kam mir sehr kurzweilig vor.

Als wir bei strahlendem Sonnenschein endlich im hostel ankamen, entschieden wir uns, erst einmal Lebensmittel einkaufen zu gehen und abends am Strand ein Picknick zu machen. Ein schöner Pfad aus Kies führte zum Strand, drum herum standen bizarre Bäumchen, die davon zeugten, was Wind und Sturm über die Jahre zu formen imstande waren. Mulmig wurde es mir dann, als ich ein Schild las, das vor Wölfen in der Gegend warnte. Ich kam mir vor wie Rotkäppchen. Wobei generell zu sagen ist, dass Wölfe sehr scheue Tiere sind und sich selten zeigen.

Über eine Art Steg mit vielen steilen Holztreppen erreichten wir den Strand mit einzelnen Felsen, Felsengrüppchen und Sand, so weit das Auge reichte. Ein Traum. Zudem lag dieser Strand in einer vor den Wellen ge-schützten Bucht. Unser Picknick mit Brot, Avocados, eingelegten Tomaten und Oliven schmeckte Weltklasse. So ließ es sich leben!

Am nächsten Tag wollten wir den Hausberg Tofinos, den Long Comb besteigen. Mit dem Wassertaxi setzten wir auf die Insel über, auf dem sich der steile Berg befand. Vorher wurden wir noch darauf hingewie-sen, dass es dort »cougars« habe, Pumas. Auf Vancouver Island lebt eine der größten Pumapopulationen weltweit. Dennoch ist es den Wenigs-ten vergönnt, einem Puma zu begegnen. Ihr Lebensraum befindet sich hauptsächlich in der Bergwelt im Inneren von Vancouver Island und in den wenig bewohnten Gegenden des Pacific Rim Parc. Der Puma ist ein sehr gefährliches Raubtier und eine der größten Raubkatzen der Welt. Ganz wohl war es mir nicht mehr zumute, doch da wir zu zweit waren und meine Begleiterin recht groß war – nur kleinere Personen passen hervorragend in das Beuteschema des Pumas –, wagten wir uns trotzdem auf den geplanten hike.

Der Aufstieg erwies sich als sehr interessant, zumal wir enge Pfade durchwanderten und die unterschiedlichsten Vegetationen zu sehen bekamen. Mit der Zeit wurde der Weg immer steiler, und ich erinnerte mich an den anstrengenden hike im Strathcona National Park. Bestimmt vier Stunden lang dauerte unser Aufstieg. Oben angekommen, waren wir total durchgeschwitzt und froh darüber, Wechselklamotten dabei zu haben. Bei unserem Picknick hatten wir, trotz stetig durchziehender Wolken, eine einzigartige Aussicht auf das Örtchen Tofino inmitten der wunderbaren bewaldeten Schärenlandschaft. Der hike hatte sich auf jeden Fall gelohnt.

Unser Abstieg gestaltete sich da schon etwas schwieriger. Nun merkten wir beide, dass wir relativ ausgekühlt waren, und der Weg hinunter kam uns durch das ständige Rutschen und Abbremsen mühsamer vor, als es der Aufstieg unter Schweiß gewesen war. Mehr und mehr hatte ich die Bäumchen auf dem Weg nach unten »lieb«, das bedeutet, dass ich ganz normal wanderte, aber mir immer ein Bäumchen auswählte, das ich ansteuerte, um abzubremsen.

Unten am Bootssteg angekommen, waren wir »fix und alle« und freuten uns, als wir im Meer Muscheln, Polypen und Quallen entdeckten. Als ich ein aufgeregtes, flatterndes Etwas aus dem Augenwinkel wahrnahm, traute ich meinen Augen kaum. War das denn überhaupt möglich? Ich sah einen »hummingbird« (Kolibri), der durch seine braune Farbe eher unscheinbar wirkte. Später erfuhr ich, dass in den Sommermonaten in Kanada zwei Arten von Kolibris leben: braune und bunte Kolibris.

Am nächsten Tag fuhr ich mit einem der vielen Bootstourenanbieter von Tofino in die Hot Springs Cove im Pacific Rim National Park. Während der Fahrt, so hoffte ich, würde ich bestimmt den einen oder anderen Wal ausmachen und mir somit quasi eine »whale watching tour« (Walbeobachtungstour) sparen. Die Fahrt war lustig und bequem, im offenen

Boot kam ich mir vor wie auf einer Couch. Auf der Hinfahrt konnten wir ein paar Grau- und Buckelwale erkennen. Wahnsinn! Ich hatte schon bei verschiedenen Reisen die Gelegenheit wahrgenommen, diese Giganten zu erleben, aber so nah hatte ich sie noch nie gesehen. Unser Bootsführer versprach uns, auf der Rückfahrt mehr Zeit zum whale watching einzuplanen.

Die »hot springs« (heißen Quellen) waren ebenfalls unvergesslich. Während ich in einer natürlichen heißen Quelle mit Schwefelgeruch saß, hörte ich die donnernden Wellen des Ozeans. Die Quellen hatten unterschiedliche natürliche Becken: Je näher am Meer diese lagen, umso kühler waren sie, da sich das heiße Thermalwasser mit dem kalten, sprudelnden Salzwasser des Meeres vermischte.

Auf der Rückfahrt konnten wir wieder mehrere Wale entdecken, oftmals Walmütter, die ihre Jungen säugten und mit ihnen spielten. Es gab gleich mehrere Walkühe auf einmal zu bestaunen, das Ganze in einer fantastischen Szenerie mit flachen Sandstränden und felsigen Buchten sowie bewaldeten Hügeln und Bergketten im Hintergrund. Es schien mir fast unwirklich schön. Und die Wale faszinierten mich so, dass ich beschloss, in den nächsten Tagen doch noch auf eine Walbeobachtungstour zu gehen. Wenn schon, denn schon, so dachte ich mir, denn mein nächstes Ziel würde Whistler sein, und damit würde ich östlich reisen und mich immer weiter vom Meer wegbewegen.

So kam es, dass ich mich am nächsten Tag, bei strahlend schönem Sonnenschein, wieder an Deck eines offenen Bootes wagte, dick eingepackt in einen Spezialanzug zum Schutz gegen Wind und Salzwasser. Unser guide war etwas wagemutiger, und so fuhr er auch. Mit aufkeimender Panik klammerte ich mich an die Eisenstange hinter meinem Sitz. Wir flitzten nicht nur über die Wellen, nein, das Boot krachte in die Wellenberge hinein! Auf offener See gab es dann einen Wetterumschwung. Es wurde so neblig, dass ich Probleme hatte, die übernächste Sitzbank zu sehen. Der Motor wurde ausgeschaltet, unser Boot schaukelte wie eine Nussschale in den Wellen. Angestrengt versuchte ich einen Wal zu erspähen, als plötzlich eine nicht zu kleine Welle in den vorderen Teil des

Schiffes klatschte. Jetzt war ich wirklich in Panik, und innerlich schwor ich mir, dass dies die allerletzte Walbeobachtungstour in meinem Leben sein würde. Einige der Mitfahrer wurden seekrank. Auch das noch! Nun war mir alles egal, ich wollte nur noch eins – raus aus dem Boot. Aber das war leichter gesagt als getan.

Nach einigen Minuten wurde das Wetter wieder besser, langsam begann ich mich zu beruhigen. Als wir schließlich weiterfuhren und doch noch Wale sahen, die friedlich mit ihren Jungen spielten und sie säugten, war ich wieder halbwegs versöhnt. Unterwegs nahm ich die herrliche Landschaft wahr und genoss die Fahrt. Froh war ich dann aber schon, wieder unversehrt an Land zu sein.

Am nächsten Tag gönnte ich mir eine geführte Kajaktour, die zwischen den verschiedenen Inselchen von Tofino durchführte. Auf der Meares Island stiegen wir aus und spazierten an jahrhundertealten Riesenzedern vorbei. Ich bestaunte von meinem Einzelkajak aus Otter, Seesterne, Quallen und essbare Algen, die mit einem sogenannten Schwimmer versehen waren.

Tofino ist wirklich traumhaft. Wer je in der Gegend ist, sollte es nicht verpassen, bei Sonnenuntergang die magische Landschaft auf sich wirken zu lassen, die Seeotter im Abendrot spielen zu sehen, Seesterne auszumachen, die unzähligen weißsandigen Strände entlangzulaufen, eine begleitete Kajaktour um die verschiedenen Inselchen zu unternehmen und vielleicht auch die eine oder andere Walbeobachtungstour mitzuerleben.

5 Australier in Kanada

Whistler (B.-K.): 26.07.–02.08.2011

Von Tofino aus ging es mit dem greyhound-Bus nach Nanaimo. Von dort nahm ich die Fähre bis North Vancouver, dann hieß es nochmals umsteigen in einen anderen greyhound-Bus.

Auf der Fähre lernte ich eine sympathische Italienerin kennen, mit der ich mich gut unterhielt und viel lachte. Sie erzählte mir, dass sie für einige Zeit im Vancouver Aquarium arbeiten würde. Daheim in Italien sei sie Delfintrainerin, und sie würde gerne auch mit Orcas zusammenarbeiten. Faszinierend! Jemanden wie sie hatte ich noch nie getroffen, und ich stellte ihr alle möglichen Fragen. Kurz bevor die Fähre anlegte, geriet sie fast in Panik. Wo hier der Ausgang sei, wollte sie wissen, und wo die greyhound-Busstation. Ich wisse es auch nicht, aber wir würden es gemeinsam schon rausfinden, versicherte ich ihr. Schließlich war ich dabei zu lernen, abzuwarten und geduldig zu sein. Dabei fiel mir immer wieder der Rat eines guten Freundes ein: Wenn andere Hektik verbreiten, ist es umso wichtiger, selber Ruhe zu bewahren. So versuchte ich es nun auch. Als wir uns beim Abschied umarmten, versicherte mir die Italienerin, dass ich ein gutes Karma habe.

Auf der Fahrt von Vancouver nach Whistler konnte ich einige Bärenmütter mit ihren Jungen sehen. In Whistler angekommen, erfreute ich mich des neu erbauten und modern eingerichteten hostels. Vor allen Dingen der Wohnbereich war toll. Es war schon eher eine Lounge. Sofort fühlte ich mich wohl.

Am nächsten Tag ging ich im »Whistler village« auf Entdeckungstour. Die Anordnung der verschiedenen Hotels, Lounges, Kleider- und Souvenirläden, Chalets, Wohn- und Geschäftshäuser, Bars und Restaurants faszinierte mich. Das Dorf war aufgebaut wie ein luxuriöses Schweizer Bergdorf, alles war sehr hübsch angelegt und sehr sauber. Sehr gut konnte ich mir vorstellen, dass bei der Olympiade im Jahr 2010 hier buchstäblich »der Bär gesteppt hatte«. Das Touristeninformationszentrum war nicht weit. Ich erkundigte mich nach schönen Wanderwegen und nach einer Fahrt mit der Gondel.

Da für den nächsten Tag wunderschönes Bergwetter vorhergesagt wurde, ging ich frühmorgens schon los. Beim Informationszentrum kaufte ich eine Liftkarte für die Peak-to-Peak-Gondel, das ist eine Gondel, die von der Bergspitze des Whistler Mountain zur Spitze des Blackcomb Mountain geht. Das Beste ist: Man kann zwischen den beiden Bergspitzen so oft hin und her gondeln, wie man will. Diese Gondel bricht übrigens, technisch und höhenmäßig, sämtliche Weltrekorde.

Schon auf der Fahrt mit der Gondel nach oben nahm ich erstaunt die schöne Berglandschaft wahr. Die Bäume sahen doch anders aus als in den Alpen – eben, wie in Kanada. Zudem lag viel Schnee. Eine normale Wanderung war leider noch nicht möglich, aber oben angekommen konnte ich auf einem gesicherten Weg einen kurzen Spaziergang unternehmen, der den Blick auf einen malerischen türkisblauen See freigab. An beiden Seiten des Weges waren Wände aus Schnee. Dies rief in mir Erinnerungen aus Kindertagen hervor, an die Wanderungen mit meinen Eltern und Geschwistern in Südtirol. Auf dem Berg sah ich außerdem ein sogenanntes Inukshuk, das ist ein kunstvoll aufgerichtetes Steinmännchen, mit denen die Inuit (früher: Eskimos) Wege markierten.

Nach einer kleinen Vesper war ich gestärkt für die Fahrt zur anderen Bergspitze. In der Gondel sitzend bestaunte ich die schneebedeckten Gipfel, den unendlichen Wald und die gerodeten Bäume, die aus der beträchtlichen Höhe wie herumliegende Streichhölzer aussahen. Fast unmerklich glitt die Gondel dahin, schon waren wir am tiefsten Punkt angelangt, dann ging es wieder hinauf auf den anderen Gipfel. Ich war so angetan, dass ich gleich nochmals zurückfuhr, um dann wieder auf diesem Berg anzukommen und mit dem anderen Lift irgendwann ins Tal zu fahren.

Bei meiner Fahrt zurück auf den Whistler Mountain saßen zwei Frauen und ein Mann aus Toronto mit in der Gondel. Die Frauen waren schon unter Gelächter in die Gondel eingestiegen, denn ihre Begleitung war nicht ganz schwindelfrei. Sie unkten immer wieder, dass es nichts Schlimmeres für ihn gäbe, als wenn die Gondel auf einmal anhalten würde – und so kam es dann schließlich auch. Die Gesichtsfarbe des Mannes wechselte von beige zu weiß. Als die beiden Damen in der Kabine umherwanderten, da sie einen Bären entdeckt hatten, schwankte die Kabine stark. Nun wurde sein Teint kreidebleich. Die Frauen setzten sich schließlich wieder hin, und wir kamen ins Gespräch. Gott sei Dank ging die Fahrt nun wieder weiter. Als sie erfuhren, dass ich aus Deutschland komme, ging ein Strahlen über das Gesicht des Mannes: Er würde liebend gerne einmal auf einer deutschen Autobahn fahren, meinte er, da man da doch so schön Gas geben könne. Als ich ihnen von meiner bisherigen Reise erzählte, berichtete ich begeistert von den niedlichen Waschbären, die ich im Vancouver Stanley Park gesehen hatte. Doch eine freudige Reaktion meiner Mitfahrer blieb aus. Da ich wusste, dass die Waschbären in Kanada als Plage gelten – sie fressen alles, vermehren sich schnell und sind »zu nichts nutze« –, gestand ich schließlich ein, dass ich wohl auch nicht begeistert reagieren würde, wenn sie mir von Ratten vorschwärmen würden. Jetzt brachen alle in Gelächter aus.

Wieder auf der Bergspitze des Blackcomb Mountain angekommen, genoss ich die herrliche Aussicht, bevor ich eine Weile später mit zwei verschiedenen Sesselliften wieder ins Tal fuhr. Auf der Fahrt sah ich einen Schwarzbären, der sitzend dabei war, sich zu putzen. Mit mir im Lift saß ein Pärchen, dessen Sprache ich erst nicht ausmachen konnte. Es dauerte eine Weile, bis ich mir im Klaren war, dass es das kanadische Französisch war. Eine Deutsche, die ich auf meiner Reise traf, erzählte mir, sie habe für einige Zeit in Montreal gelebt und die Menschen dort nur schwer verstanden, obwohl sie in der Schule einige Jahre Französisch gelernt hatte.

Es war wieder mal ein sehr ereignisreicher Tag gewesen. Ich wunderte mich, dass ich bisher im Allgäu oder in den Alpen nicht alleine wandern gewesen war. Dies würde sich ändern, beschloss ich. Denn was konnte einem dabei schon groß passieren? Überall traf man auf Menschen, und man musste nicht einmal Tiere wie Bären, Pumas, Wölfe und Kojoten fürchten.

Am nächsten Tag schloss ich mich einer Wanderung vom hostel aus zum nahegelegenen See an. Wir waren ein interessantes Grüppchen, und es ergaben sich viele Gespräche. Mit von der Partie war auch ein Australier! Das ist zwar an sich nicht erstaunlich, doch mir fiel sofort ein, was eine Freundin beim Abschied in Deutschland zu mir gesagt hatte: Ich solle doch Bescheid geben, wenn ich einen Australier kennenlernen würde. Verwundert antwortete ich, ich würde doch nach Kanada reisen. Das wisse sie, meinte sie nur, aber es gebe doch gewiss auch Australier in Kanada … Der Hintergrund dieser Geschichte ist: Im Jahr 2009 unternahm ich eine Reise durch Neuseeland und Australien. In Australien fuhren wir von Sydney an der Küste über die Blue Ocean Road bis fast nach Adelaide. Da mir Australien gut gefiel, ich aber nur einen winzig kleinen Teil dieses riesigen Kontinents gesehen hatte, wollte ich ursprünglich ein Arbeitsvisum für Australien erwerben – bis ich herausfand, dass man dieses nur bis zum Alter von 30 Jahren bekam, ich war da schon drei Jahre zu spät dran. So entschied ich mich stattdessen für Kanada – hier erhielt man bis 35 ein Arbeitsvisum. Da ich zuerst immer von Australien gesprochen hatte, hatte meine Freundin sich wohl in meinem Reiseziel geirrt. Der Witz mit dem Australier in Kanada ist bis zum heutigen Tag in meinem Freundeskreis ein Kracher.

Jedenfalls ließ sich der Australier, den ich auf diesem Ausflug kennenlernte, in Badehosen von einem am Baum befestigten Tau wie Tarzan ins Wasser fallen. Auch mit einer Australierin machte ich Bekanntschaft. Ihr hatte ich die lustige Geschichte mit dem »Australier in Kanada« auch erzählt. Lachend meinte sie, dass sie mir keinen ihrer Landsleute empfehlen könne, denn das seien »Schweine auf zwei Beinen«! Nun war ich am Lachen.

Am folgenden Tag wanderten wir zum Lost Lake, was so viel bedeutet wie verlorener See. Dem Namen nach könnte man meinen, dass der See besonders einsam gelegen ist – Fehlanzeige! Ungewöhnlich viele Leute waren hier versammelt, um zu schwimmen, zu spielen, sich zu unterhalten und zu grillen. So witzelte ich, dass der See wohl deswegen »Lost Lake« heiße, weil er vor lauter Leuten fast nicht zu sehen war. Als wir weiterwanderten, sahen wir ein erstaunliches Schild am Wegesrand: Mit Abbildungen wurden nicht nur die Wanderer und Radfahrer, sondern auch die Bären darauf hingewiesen, mit wem sie den Pfad zu teilen hatten – eben mit Wanderern, Radfahrern und Bären.

6 Baden mit Molchen

Vernon (B.-K.), WWOOFing 2: 02.–13.08.2011

Wieder mit dem greyhound-Bus, diesem überaus beliebten Fortbewegungsmittel für Touristen, WWOOFer und alle möglichen anderen Leute, fuhr ich an riesigen Wäldern und einsamen Landstrichen vorbei. Vom bergigen Whistler ging die Straße über den Sea to Sky Highway nach Vancouver und weiter in eine Weinregion, die bei meiner Ankunft Anfang August allerdings einer Wüstenlandschaft glich.

Am Abend wurde ich von meiner Gastgeberin Karen an der Busstation in Vernon abgeholt. Als wir bei ihrem Haus ankamen, staunte ich nicht schlecht. Vor mir erschien ein riesiges Holzhaus, eine wahre Villa. Auch vom Inneren war ich begeistert: Modern und mit Pep waren die vielen Räume eingerichtet. Der Garten um das Riesenhaus war sehr, sehr groß und überaus gepflegt. Hier würde ich die Zeit verbringen, bis ich mit Tina zusammen nach Alaska aufbrechen wollte. Karen und ihr Mann Mark stammten beide aus Deutschland. Sie informierten mich, dass die Arbeitszeit sechs Stunden täglich betrage – oder weniger, je nach Arbeitsanfall – an sechs Tagen die Woche. Die ersten Tage sei ich alleine, dann käme noch ein anderer deutscher WWOOFer dazu. Die freie Zeit könne ich damit verbringen, das Leben zu genießen.

Das ließ ich mir nicht zweimal sagen. Bald fand ich im Keller eine gut sortierte Bibliothek, und da ich seit jeher eine Sonnenanbeterin bin, lag ich nach getaner Arbeit oft auf meiner Terrasse und las. Und Arbeit hatte es genügend. Auf der Farm gab es eine Rinderherde von insgesamt zehn Tieren, einen Schäferhund und einen jungen Kater. Wie mir Mark erklärte, wurde die Rinderherde auf den umliegenden Wiesen des Steuervorteils wegen gehalten, das mache so um die zehntausend Dollar jährlich aus.

Ich staunte nicht schlecht. Meine Arbeiten bestanden darin, den Garten weiter mit Rindenmulch zu bedecken, unten am Haus einen Weg aus diesem Mulch zu gestalten und zu verbreitern, Holz für den Winter mit einer Maschine, einem Holzsplitter, zu spalten und dieses dann im Keller zu stapeln. Zudem sollte ich das zum Teil neu zu vermietende Neuseelandhaus, das am angrenzenden Grundstück lag, für die neuen Mieter putzen. Kurz: Es gab eine ganze Menge zu tun.

Das ausgiebige Frühstück fand um etwa neun Uhr auf der wunderschönen sonnigen Terrasse, die das halbe Haus umspannte, statt. Von hier aus blickte man auf drei Kaltwasserpools, in denen sich unter anderem Molche und Goldfische tummelten. Zuerst durfte ich oben im gemütlichen Lesezimmer schlafen, da am Tag danach Gäste erwartet wurden. Diese reisten aus Australien an, und zusammen mit ihnen und meinen hosts unternahm ich am nächsten Tag einen Ausflug ins benachbarte Kelowna, anschließend aßen wir in einem original fränkischen Restaurant in Peachland. Kurz vor der Rückreise nach Vernon machten wir noch in einem riesigen Einkaufsmarkt Halt, um Lebensmittel zu kaufen. In dem für Kanada so berühmten und von West bis nach Ost vertretenen »Costco« ist fast alles zu erstehen – falls man eine entsprechende Kundenkarte besitzt.

Am nächsten Tag gingen wir alle zusammen in einem örtlichen Restaurant Abendessen. Nachdem die netten Australier Richtung Banff abgereist waren, durfte ich die luxuriöse Suite im Keller des Hauses beziehen. Ein paar Tage später traf dann auch der etwa zwanzigjährige WWOOFer aus Deutschland ein, mit dem ich weiteres Holz für den Winter spalten und im Holzkeller stapeln sollte. Wir verstanden uns gut und machten oft Witze. Wenn irgendwas nicht so gut lief, sagte er immer: »Erst mal nicht so schlimm.« Dann lachten wir herzlich.

Abends entspannten wir oft auf dem wunderschönen Balkon im Obergeschoss und sahen auf die gegenüberliegenden Hügel und auf die Lichter von Vernon. Hier hörte ich zum ersten Mal von Mark, dass manche WWOOFer auf anderen Farmen hart und teils unter unwürdigen Bedingungen arbeiten müssten. Das konnte ich kaum glauben. Wäre mir so etwas passiert, wäre ich umgehend wieder abgereist. Die Sklaverei ist schließlich längst abgeschafft. Gegen Arbeit für Essen und Unterkunft kann man ein gutes Bett und was Ordentliches zu essen erwarten, ebenso genügend freie Zeit. Allerdings muss man wissen, dass sich jede Farm oder Hobbyfarm als host auf dem WWOOFing-Portal gegen eine geringe Jahresgebühr anmelden kann. Die hosts und deren Selbstbeschreibungen werden nicht überprüft. Lediglich die meistens recht hilfreichen Kommentare anderer WWOOFer, die auf diesen Farmen gearbeitet haben, und der persönliche E-Mail-Kontakt mit den Farmern können Aufschluss darüber geben, wie es auf der Farm wirklich ist.

Mir war es immer und zu jeder Zeit wichtig, mich an die Bedingungen von WWOOF zu halten, die ich mit der Erstellung des WWOOFer-Accounts automatisch anerkannt und akzeptiert hatte. Ich achtete auch immer darauf, spätestens beim ersten Treffen mit den hosts auf mein Bauchgefühl zu hören und immer genügend Bargeld bei mir zu haben. Ich unterrichtete Freunde, wo ich als Nächstes sein würde und ob ich gut angekommen war, ich hatte ein funktionierendes, tribandfähiges Handy dabei und versuchte mir den Weg einzuprägen, auf dem ich gefahren wurde.

Nach der Arbeit mit dem Holz, die vor allen Dingen in der brütenden Hitze doch recht anstrengend war, genossen wir regelmäßig eine Erfrischung im oberen Kaltwasserpool, in dem auch die Molche schwammen. Im letzten Pool lebten die Goldfische. Einmal wagte ich mich dort hinein, als jedoch die ganzen Fischchen angeschwommen kamen, stieg ich eilig wieder aus dem Pool. Einmal durften wir in Vernon mit Mark auf eine Auktion gehen. Die Stimmung dort war für mich ungewöhnlich und unwirklich. In diesem Auktionshaus, so erzählte uns Mark, verkaufe er im Herbst seine Rinder, um im Frühjahr wieder neue zu kaufen.

An Essen wurde nie gespart, so gab es wohl zum Mittagessen wegen der Hitze oft Kleinigkeiten oder Salate, doch abends wurde aufgekocht, und es waren oft Gäste zum Essen eingeladen. Auch ich brauchte nur sagen, was ich gerne aß oder sonst für mich brauchte, und Karen und Mark besorgten das für mich. Ich war im Paradies! Das genoss ich sehr, denn ich liebe gutes Essen. Und ich wusste, auf der bevorstehenden Reise nach Alaska würde ich auf vieles verzichten müssen. Da wollte ich vorsorgen – und wenn ich mir einen Speckgürtel anessen musste. Als Mark seinen Geburtstag feierte, gab es auch für die WWOOFer Wein und Bier: Cheers!

Er war dann noch so nett und begleitete mich auf meiner Einkaufstour für Alaska. Ich rüstete Tina und mich mit Bärenhupe, Mückenspray, Notfallpfeife, Kompass, Thermomatten, Wasser- und Ersatzbenzinkanister sowie zwei Decken aus. Wenn Tina schon ein Auto gekauft hatte und mich hier in Vernon abholen würde, dann wollte ich alles andere besorgt haben.

7 Abenteuer Alaska

Alaska (USA): 13.08.–09.09.2011

Gegen Nachmittag kam Tina mit einem weißen Chevrolet Kavalier, den sie eigens für unsere Alaskareise gekauft hatte und den ich später auf »Chavalier« umtaufen würde, an. Sie war von ihrer Farm aus Duncan angereist, wo sie für ihren Urlaub extra frei bekommen hatte. Unterwegs hatte sie bei Claudia in Vancouver übernachtet, die uns netterweise ihre Campingausrüstung lieh.

Voller Freude empfing ich sie auf der Ranch in Vernon. Schnell wollten wir aufbrechen, um an diesem Tag noch einige Kilometer zu fahren. Vorher aber führte sie mir voller Stolz ihr beziehungsweise unser Auto vor, das für die nächsten Wochen nicht nur unser Fahrzeug, sondern auch unser Wohn- und Schlafzimmer sein sollte. Als wir schließlich alles eingeladen hatten, fuhren wir unter Hupen vom Hof in den nächsten Supermarkt, um uns für die nächsten Tage mit Lebensmitteln und ein paar weiteren Dingen einzudecken. Anschließend ging Tina noch in einen »liquor store«, um einen Zimtlikör zu erstehen, denn Alkohol kann man in Kanada nicht einfach im Supermarkt kaufen.

Endlich fuhren wir los Richtung Kamloops. Bis dort schafften wir es aber an diesem Tag nicht mehr, und so parkten wir für die Nacht in einer Parkbucht direkt an der Straße, aber mit Toilette. Als wir unsere Schlafstätten für die Nacht vorbereiteten, waren wir froh, schwarze Mülltüten und Klebeband sowie Reißzwecke gekauft zu haben, um die Fensterscheiben abzudecken. Denn zum einen war die Parkbucht gut mit Straßenlaternen ausgeleuchtet, und zum anderen: Wem gefällt es schon, wenn morgens fremde Leute ins Schlafzimmer schauen?

Am nächsten Tag fuhren wir über die Stadt Prince George bis kurz nach

Vanderhoof. Dort konnten wir einen noch sonnigen, abseits der Straße gelegenen Parkplatz ergattern. Leider war diesmal der Luxus einer Toilette nicht gegeben, aber es gab viel Wald. Zu diesem Thema nur noch so viel: Auf einen Waldklogang durfte außer Toilettenpapier auch die Bärenhupe nie fehlen, denn man konnte nie wissen. Die Nacht kam uns kälter als die vorherige vor. Aber wir befanden uns ja auch um einiges weiter nördlich als am Tage davor.

Zum Frühstück belohnten wir uns mit reichlich Kaffee und vielen leckeren Honigschnitten. Frisch gestärkt fuhren wir weiter. Die Gegend war herrlich abwechslungsreich, und es gab immer wieder große Bauernhöfe mit sehr viel Weideland zu sehen. Auch viele kleinere Ortschaften tauchten am Straßenrand auf. Als wir dann aber von der Landstraße BC 37 auf den Stewart Highway abbogen, wurde die Gegend immer einsamer und wilder. Auf der ganzen Strecke waren keine Behausungen mehr zu sehen. Doch die Landschaft war interessant und abwechslungsreich genug. Die Szenerie wechselte ständig: Riesige Tannenwälder, hohe Berge, weite Täler und einsame Seen wechselten sich ab. Die Straße schien immer schmaler zu werden und schlängelte sich doch bis ins Unendliche weiter. Auf diesem Streckenabschnitt zählten wir vier Schwarzbären, die alle friedlich am Straßenrand grasten und bei uns jedes Mal Begeisterungsrufe auslösten.

Das Klima wurde immer kühler, und inzwischen regnete es. Wir fuhren weit bis nach der sogenannten Medicin Junction, einem wichtigen Knotenpunkt. Insgesamt legten wir an diesem Tag 600 km zurück, bevor wir schließlich an einem See mit Toiletten, Picknicktischen und eigentlich wunderbarer Aussicht (wenn der Regen nicht gewesen wäre) unsere nächste Übernachtungsstelle fanden. Irgendwie brachten wir es fertig, unsere Schlafstätte für die Nacht vorzubereiten. Schließlich ließ der Regen nach, und wir konnten unser Abendessen draußen genießen. Es dauerte nicht lange, bis ein Neuankömmling zu uns stieß. Ein anderer Tourist, Rob aus Edmonton, machte hier Halt, um sein Abendessen zu kochen und zu genießen. Bald tröpfelte es wieder, was uns aber nicht daran hinderte, mit Rob ein Schwätzchen über Gott und die Welt zu halten. Tina und ich stießen mit ihm mit Zimtlikör an. Fragend schaute er uns an, dann ein suchender Blick. Wo denn unsere Zelte stünden, wollte er wissen. Tina und ich sahen einander lachend an und sagten, dass der Kombi unser Schlafzimmer sei. Ungläubig schaute er uns an und wiederholte das eben Gesagte in einer Frage. Als ich mit »for sure« (aber sicher) antwortete, meinte Rob: »You inspired me, I will do that next time also!« (Da habt ihr mich inspiriert, nächstes Mal werde ich das auch so machen!)

Es regnete weiter, sogar stärker als am Nachmittag. Umso mehr freute ich mich auf mein Nachtlager. Wir hatten uns zusätzliche Matten als Unterlagen besorgt, und so war es richtig bequem zu liegen. Am anderen Morgen gab es zum Frühstück Müsli – und leider regnete es immer noch. Wir fuhren weiter auf dem wunderschönen Stuart Cassiar Highway, der landschaftlich jederzeit was fürs Auge bot und mir stets in Erinnerung bleiben wird. Am Nachmittag fuhren wir dann auch schon auf den Alaska Highway 1 Richtung Westen ein. Die Straße war nun viel breiter, und gleichzeitig gab es mehr Verkehr. An diesem Tag legten wir 800 km zurück. Von Britisch-Kolumbien fuhren wir in den Yukon »Greater than life« (Größer als das Leben selbst) ein. Wir waren nur noch etwa 100 km von der Stadt Whitehorse entfernt.

Als Übernachtungsplatz wartete auf uns ein Parkplatz mit einer atemberaubenden Aussicht auf die umliegenden Bergketten. Leider konnten wir keine Bären sehen. Die Tage waren länger geworden, um 21 Uhr war es noch taghell, und immer wieder trafen Autos auf dem Parkplatz ein. Schließlich stiegen zwei Männer mit zwei Hunden aus. Nach ein paar Minuten kam der Jüngere von ihnen zu uns. Er stellte sich vor, um zu erfahren, mit wem er den Parkplatz teile. Bald kam auch der zweite Mann, den er uns als seinen Vater vorstellte, hinzu. Beide kamen aus Alaska. Als wir ihnen erzählten, dass dies unser Ziel sei, warnten sie uns, auf nicht asphaltierten Straßen zu fahren.

Am nächsten Morgen wurden wir beim Entfernen unserer »Vorhänge« von strahlend blauem Himmel und Sonnenschein begrüßt. Zur Feier des Tages gab es Kaffee, Honigbrote und Müsli. Nach einem reichlichen Frühstück stand nach einigen Tagen Katzenwäsche eine gründliche Reinigung im nahegelegenen Fluss an. Das Wasser war glasklar und sehr kalt, doch nach einer ausgiebigen Wäsche prickelte es angenehm auf der Haut. Nun konnte der Tag beginnen!

Gemütlich fuhren wir nach Whitehorse und kauften dort Lebensmittel. Weiter ging es bis zur Haines Junction, an der atemberaubenden Bergkulisse und der faszinierenden Landschaft des Kluane National Park vorbei. Nach rund 400 km Fahrt erschien uns für unsere Übernachtung ein Rastplatz mit toller Aussicht auf den weiter unten liegenden Kluane River als durchaus angemessen. Zum Essen gönnten wir uns an diesem Abend überbackene Tomaten-Käse-Stangen mit Tomatensuppe, in guter Gesellschaft mit ein paar vorwitzigen Vögeln. Wieder mal freute ich mich auf meinen ach so gemütlichen Schlafplatz in unserem Chavalier.

Am Donnerstag, 18. August fuhren wir über Beaver Creek nach Alaska und überquerten damit die Grenze zwischen Kanada und den USA. In Beaver Creek hatten wir beim Touristeninformationszentrum Halt gemacht, um unsere Wasserflaschen aufzufüllen und dabei einen Radfahrer mit kleinem Anhänger entdeckt, auf dessen »Nummernschild« das Kennzeichen »FLASKA 2011« stand. Dieser Mann war von Florida nach Alaska unterwegs, und das auf eigene Faust! Respekt, was manche Leute für Rekorde aufstellen.

So reisten Tina und ich vergnügt in die USA ein. Die kanadische Grenze zu verlassen war kein Problem. Einzureisen in die USA gestaltete sich da schon etwas schwieriger. Das Grenzhäuschen war ein paar hundert Meter vorher durch eine Schranke abgetrennt, hier mussten wir warten. Neugierig und vor allen Dingen skeptisch wurden wir durchs Fernglas inspiziert. Dann ging endlich die Schranke auf, und der Beamte wies uns mürrisch an, unser Auto auf einem dafür vorgesehenen Parkplatz abzustellen und uns dann ins Grenzhäuschen zu begeben. Die Autoschlüssel wurden uns kurzum abgeknöpft, nicht ohne dass uns vorher noch ein paar Fragen bezüglich mitgebrachter Lebensmittel gestellt wurden.

Während man draußen den Chavalier inspizierte, wurden von Tina und mir im Büro Fotos gemacht, und von jedem (!) Finger wurde ein Abdruck genommen. Immerhin behandelte uns dieser Sir etwas freundlicher. Dann konnten wir auch schon wieder unsere Autoschlüssel in Empfang nehmen – mit dem Hinweis, dass sämtliches Gemüse sowie das Bündel Feuerholz, das wir kostenlos auf einem verlassenen Campingplatz »erstanden« hatten, konfisziert waren. Um das Gemüse tat es uns sehr leid, denn das war teuer gewesen. Schade auch um das Feuerholz, obwohl dieses regelrecht »umsonst« gewesen war. Es half alles nichts, was weg war, war weg.

Alle Angaben erfolgten nun statt in Kilometern in Meilen, statt in Litern in Gallonen, statt in Grad Celsius in Fahrenheit, statt in Zentimetern in Zoll (Inches – ein Inch sind 2,54 Zentimeter). Die Uhren waren um eine Stunde zurückzustellen. Die USA hatten das Gebiet Alaskas 1867 vom Russischen Reich erworben; am 3. Januar 1959 war es zum 49. Bundesstaat der USA geworden. Hier stand auf jedem Kennzeichen »The Last Frontier« (Die letzte Grenze).

Wir fuhren auf dem Alaska Highway weiter, erfreuten uns an der wunderschönen Landschaft und am guten Wetter und machten immer wieder Halt, um die Szenerie auf uns wirken zu lassen. Ehrfürchtig erblickten wir die ersten Gletscher mit leuchtend blauem Eis. Unser nächstes Ziel war die Stadt Anchorage. Diese ist ziemlich groß, die Hauptstadt Alaskas aber ist Juneau, eine Stadt an der Westküste, die als einzige Hauptstadt der Welt nur mit dem Flugzeug zu erreichen ist.

In Anchorage angekommen staunten wir nicht schlecht, als auf dem Marktplatz hawaiianische Musik erklang und blumengeschmückte Damen einen Hula-Tanz aufführten. Ich fühlte mich gleich wie im Urlaub. Neugierig erkundeten Tina und ich die Stadt, bevor wir uns entschlossen, als nächstes in den Kenai National Park zu fahren. Unserer Tour wurde nach 80 Meilen leider ein Ende gesetzt, da die Straße wegen eines Unfalls komplett gesperrt war. So fuhren wir wieder zurück nach Anchorage. Leider konnten wir für die Nacht keinen für uns passenden Übernachtungsplatz finden. Zudem stellten wir fest, dass unser Auto einen Platten hatte. An einer Tankstelle füllten wir Luft auf. Mehrere Menschen waren so freundlich, uns Tipps zu geben und uns weiterzuhelfen. Wir entschieden uns notgedrungen, in einem hostel zu übernachten und am nächsten

Tag nach einer Lösung für den Reifen zu suchen, falls dieser dann noch immer Luft verlieren würde.

Die Suche nach einem günstigen hostel gestaltete sich alles andere als einfach. Die Preise für Übernachtungen in und um Anchorage waren teilweise sehr hoch, und verschiedene hostels waren bereits hoffnungslos ausgebucht. Letztendlich landeten wir zwar in einem preiswerten hostel, mussten die Nacht aber in einem Kellerraum mit sechs weiteren Mädels verbringen. Für mich war das der »Kartoffelkeller«. Aber es musste mangels Alternativen eben gehen. Schließlich war es doch nur für eine Nacht – und dafür würden wir in den Genuss einer morgendlichen Dusche kommen.

Nach dieser Nacht waren wir »prepared« (vorbereitet) für die weiteren Dinge, die auf uns zukommen sollten. Denn leider war der Reifen unseres Chavaliers wieder platt. Wir fuhren zur nächsten Tankstelle und fragten um Rat. Die Angestellte war sehr hilfsbereit und gab uns die Adresse einer anderen Tankstelle. Hier war der Angestellte so freundlich und sah sich, nach einer eingehenden Schilderung des Problems meinerseits, den Reifen selbst an. Er schlug vor, den Reifen mithilfe eines Sprays, das im Innern wirke, zu fixieren. Das tat er dann auch, und unser Reifenproblem schien sich nun in Luft aufgelöst zu haben. Wir waren dem Angestellten zutiefst dankbar, ein Trinkgeld anzunehmen lehnte er jedoch entschieden ab.

Nun konnte es losgehen: Auf in den Kenai National Park! Wir freuten uns wie die Schneeköniginnen und fuhren bis Seward, ein am Meer gelegenes Örtchen. Bei strahlendem Sonnenschein und Gletscherblick gingen wir spazieren. Etwa fünfzig Meilen nördlich von Seward fanden wir unseren Übernachtungsplatz. Da der Wetterbericht auch für den nächsten Tag gutes Wetter vorhersagte, entschlossen wir uns noch abends, am nächsten Morgen früh aufzustehen und eine Schiffstour zu den Gletschern zu machen.

Montagmorgen, 22. August: Leider verschlafen! Das Schiff sollte um zehn Uhr ablegen, wir wachten aber erst kurz nach acht Uhr auf. Trotzdem frühstückten wir ausgiebig und packten den Rucksack für unsere Tagestour. Entweder würde es klappen – oder eben nicht. Auf dem Weg nach Seward fiel die Benzinnadel rapide nach unten, und wir mussten, »da biss die Maus keinen Faden ab«, anhalten, um Benzin aus unserem Ersatzkanister nachzufüllen. Es war halb zehn, als wir außer Atem im Büro, das die Gletschertour anbot, ankamen. Das Wetter war und blieb gut – wir fuhren! Toll, wir hatten es doch noch geschafft.

Die Fahrt hatte es in sich. Wir sahen viele Tiere, etwa Weißkopfseeadler und Seeotter, die im Wasser liegend wie Baumstämme aussahen. Das Schiff wurde von sehr flinken und wendigen kleinen Delfinen begleitet, die mit ihren schwarz-weißen Streifen wie kleine Killerwale aussahen. Wir sahen Quallen, Robben und Buckelwale. Dabei waren wir umgeben von Wald, Bergen, Fjorden und Gletschern – eine sehr beeindruckende Szenerie. Die Farbe des Wassers veränderte sich. Je näher wir dem Gletscher kamen, desto mehr ging es von türkisblau oder grün zu grau über. Immer größer werdende Eisschollen wiesen uns den Weg zum Gletscher, und auf dem Außendeck war es inzwischen sehr kalt geworden.

Die Eisstrukturen und die Farben des Gletschers waren unschwer auszumachen. Das Eis hatte teilweise eine fast blaue, dann wiederum eine grünliche Farbe, die sich schlierenhaft über die geschlossene Eisdecke zog. Wir fuhren näher und hörten das Donnern der Eisstücke, die vom Gletscher abbrachen und mit einem tosenden Knall in das eisigkalte Wasser rauschten, dass es nur so zischte. Man spricht hier auch vom »calvenden« (kalbenden) Gletscher. Nie werde ich diese Geräusche und die Atmosphäre am Gletscher vergessen. Ich war so beeindruckt, dass ich am ganzen Körper »goose bumps« (Gänsehaut) bekam und beinahe heulte vor Glück.

Auf dem Rückweg war ich sehr zufrieden mit dem Gang der Dinge. Ich hatte so unglaublich viel gesehen! Der Himmel bewölkte sich, und es fing leicht an zu regnen. Es regnete die ganze Nacht und den ganzen nächsten Tag. Zum Glück hatten wir die Bootstour zum Gletscher gemacht, es hat alles seine Richtigkeit, so sagte ich mir. Gerne hätten wir noch das Städtchen Homer besucht, aber aufgrund des Dauerregens entschlossen wir uns, wieder zurück nach Anchorage zu fahren. Hier gingen wir erst mal in die örtliche Bücherei.

Büchereien sind klasse, nicht nur wegen den tollen Büchern, die es da zu lesen gibt. Seit Beginn meiner Kanadareise stellten Büchereien für mich noch mehr dar: Es stand kabelfreies Internet zur Verfügung, und dies erst noch kostenlos. Man konnte dort die Toilette besuchen und gleichzeitig den erschöpften Wasservorrat auffüllen …

Mit dem angebrochenen Tag kam eine neue Herausforderung, die es zu lösen galt, aber schnellstens, denn es stank bereits fürchterlich. Und zwar auf der Rücksitzbank unseres Autos. Benzin war aus dem Ersatzkanister ausgelaufen. Wir informierten uns im Internet, wie wir des Gestankes mächtig werden konnten, und fuhren dann von der Bücherei zum nächsten Chevrolet-Händler, um ihm von unseren sage und schreibe drei »Problemchen« zu berichten. Zuerst war da das aktuellste, neueste Problem: der Benzingeruch auf der Rücksitzbank. Hierzu wurde uns nach erster Inspektion geraten, das Ganze mit Hilfe eines Polsterreinigungsmittels zu beheben, denn Reinigung des Polsters durch Spezialisten wäre zu teuer gewesen. Zweites Problem: unser ehemals platter Reifen, der von dem liebenswerten Mann der anderen Tankstelle von innen geflickt worden war. Wir wollten sichergehen, dass damit nun auch wirklich alles in Ordnung war. Da der Reifen nun schon einen Tag die Luft gehalten hatte, würde er dies auch weiterhin tun, sagte man uns. Blieb zu guter Letzt unser eigentliches Problem: Die linke Rückseite des Wagens lag deutlich tiefer. Da war, wie wir richtig vermutet hatten, mindestens eine Feder kaputt.

Bei der Schilderung dieses letzten Problems stieß ich auf einen sprachlichen Haken. Feder heißt im Englischen »feather«, die richtige Bezeichnung für die Feder am Auto ist aber »spring«, was für mich bis dahin nur »Frühling« bedeutet hatte. So sprach ich munter von der »feather« am Auto. Die hilfsbereiten Angestellten wussten aber sofort, was ich meinte und nannten mir den richtigen Begriff. Dabei lachten wir alle herzlich. Und dieser Begriff brannte sich von da an regelrecht in mein Gehirn ein.

Zu unserem »spring«-Problem gab es nun folgende Lösung: Wir konnten mit der kaputten Feder durchaus fahren, sie würde nicht brechen. Es sei wohl alles instabiler, aber das wäre noch lange kein Grund zur

Sorge. Wenn wir wollten, könnten wir unser Auto am nächsten Tag zum Check für einen Kostenvoranschlag vorbeibringen, falls wir uns doch entschließen sollten, die Sache reparieren zu lassen. Wow, das war ein fachmännischer Rat! Das war mir in Deutschland noch nie passiert, dass jemand so viel Zeit für einen potentiellen Kunden aufbrachte. Es lag zum einen echtes Interesse vor, an uns – wo wir herkamen, warum wir reisten und wohin wir reisten –, vor allen Dingen aber am Problem des Autos. Zum anderen wurden wir fair und freundlich beraten, ohne dass uns auf »Teufel komm raus« eine kostspielige und nicht unbedingt notwendige Reparatur aufgeschwatzt wurde. Wir waren begeistert, ich war begeistert. Das sagte ich Bill, dem Hauptleiter der Werkstatt, dann auch. Er lächelte freundlich und war von meinem Lob sehr angetan. Und unser Tag war gerettet. Wir waren happy und fuhren weiter unseres Weges.

Abends campten wir mal wieder »wild«. Das heißt keine offizielle Übernachtungsstelle, keine Toilette – aber auch kein Verbotsschild, dass wir hier nicht stehen durften. Daran hielten Tina und ich uns immer. Aber ohne es zu wissen waren wir, wie sich am nächsten Morgen herausstellte, auf einem Privatgrundstück gelandet. Morgens wurden wir von einem älteren Herrn freundlich angesprochen. Er wollte wissen, woher wir seien und ob wir hier campten. Ich antwortete ihm wahrheitsgemäß, und er wünschte uns viel Spaß und verabschiedete sich mit einem Winken. Wieder einmal war ich beeindruckt davon, wie freundlich, hilfsbereit und zuvorkommend die Einwohner Alaskas sind – genau wie die Kanadier auch.

Das Wetter besserte sich, und wir fuhren weiter in den Denali National-Park, der zwischen Anchorage und Fairbanks liegt. Die Landschaft wurde wieder wunderbar und hügelig. Als wir um die Mittagszeit in den Nationalpark einfuhren, schien die Sonne mit ihrer ganzen Kraft. Mittags unternahmen wir in der Nähe des Besucherzentrums einen Spaziergang. Wir fühlten uns wie bei Hänsel und Gretel.

Eine Übernachtung in diesem Nationalpark war nur auf einem der Campingplätze möglich. Nachdem wir unseren Übernachtungsplatz für die nächsten Tage gesichert hatten, fuhren wir mit unserem Chavalier auf der asphaltierten Straße in den Park. Es war unglaublich. Im Vordergrund leuchteten niedrige Flechten in Gelb, Orange, Rot und Dunkelrot. Dann kamen kleine Büsche, kleine Bäumchen, höhere Bäumchen, Riesentannen. Dahinter erhob sich die Kulisse von kilometerlangen, hoch aufgeworfenen Bergketten, die nirgendwo aufzuhören schienen. Als wenn das nicht schon genug gewesen wäre, tauchten dahinter sogar noch schneebedeckte Gipfel auf. Freiheit überall, soweit das Auge reichte. Ich liebe Alaska!

Auf dem Zeltplatz begann ich an unserem Picknicktisch ein paar Ansichtskarten zu schreiben, als plötzlich aus dem Dickicht ein Knacksen und andere Geräusche drangen. Fast schon in Panik drehte ich mich um – und sah einen Elch, der mich besuchen wollte. Hektisch packte ich meine persönlichen Sachen ein und floh ins Auto. Ein Elch! Auf dem Campingplatz! Hilfe! Ja, wir waren in das Reich der Tiere eingedrungen und nicht im Zoo. Na, das kann ja noch ein Abenteuer werden, dachte ich mir.

Früh am nächsten Morgen brachen wir zu einer organisierten Bustour auf – es war nicht erlaubt, mit dem eigenen Auto weiter in den Park hineinzufahren –, um mehr zu sehen von diesem Park, der buchstäblich ein Paradies zu sein schien. Die Busse befuhren die einzige unbefestigte Straße im Park und hielten immer wieder an, um den Touristen die Möglichkeit zu geben, Landschaften, Pflanzen und Tiere zu fotografieren.

Auf dieser Tour sahen wir »dall horn sheep« (Dickhornschafe). Sie standen dicht an den steilen Felsklippen und hoben sich deutlich von den feuerroten Büschen der Landschaft ab. Beide Geschlechter tragen Hörner, die der Weibchen sind jedoch deutlich kleiner und ragen säbelartig nach hinten. Im Gegensatz zu den gebogenen Hörnern der Männchen drehen sich die Hörner der Weibchen nie ein. Dickhornschafe sind vorwiegend Gebirgsbewohner. Im Sommer dringen sie in Höhen bis über 2500 Metern Seehöhe vor, im Winter wandern sie in tiefer gelegene Regionen ab.

Wir sahen die ersten »moose« (Elche). Sie sind die größten Mitglieder der Familie der Hirsche, und in Alaska leben die größten Exemplare. Trotz eines bis zu 800 Kilogramm schweren Gewichtes bewegen sich diese Tiere mit erstaunlicher Geschwindigkeit und Eleganz durch ihren Lebensraum; mit bis zu 55 km/h rennen sie durch die Wälder. Dank ihrer spreizbaren

Hufen überqueren sie problemlos Moore und sind dazu ausgezeichnete Schwimmer, die ohne Mühe große Seen durchqueren können. Das Geweih der Elche, das aus Knochen besteht, kann über 20 Kilogramm wiegen und wird jedes Jahr abgeworfen.

Wir entdeckten »caribous« (Karibus) mit ihren wunderschönen samtenen Geweihen und den Hufen, die oberhalb weiße Söckchen zu haben scheinen. Karibus gelten als die nordamerikanische Variante der skandinavischen Rentiere. Mit Hilfe ihrer gewaltigen Vorderhufe finden sie ihre Nahrung, welche aus Flechten, Moosen und Gräsern sowie Weidepflanzen besteht, auch unter Schneedecken. Eine Sonderrolle unter den Weibchen der Hirschgattung nimmt die Karibu-Kuh ein: Sie trägt als einzige ein Geweih.

Schließlich hatten wir das Glück, einen dicken Grizzlybären zu sehen, der schwer damit beschäftigt war, sich mit Unmengen an Wildbeeren noch mehr Winterspeck anzufressen. Was für eine Tierwelt, was für eine grandiose Landschaft!

Wieder an unserem Campingplatz angekommen, lüfteten wir unseren Chavalier so richtig durch und rissen alle Türen auf. Wir hatten einen speziellen Schaum gekauft und diesen dann weggesaugt. Der Gestank war nicht mehr ganz so heftig, aber noch immer vorhanden. Die offenen Türen schienen eine Einladung für ein Eichhörnchen zu sein, das sich munter auf dem Beifahrersitz niederließ. Entsetzt stieß ich hervor: »Rico! Gehst du wohl weg?« Und schon sprang Rico, aufgeregt wie immer, über den Fahrersitz nach draußen und ward nicht mehr gesehen. Die englische Übersetzung für Eichhörnchen lautet »squirrel«, ein echter Zungenbrecher. Bei mir heißen alle Eichhörnchen »Rico«, das ist kürzer und jeder weiß, was gemeint ist. So viele Ricos wie in Kanada und Alaska hatte ich in meinem ganzen Leben noch nicht gesehen.

Am nächsten Tag, nachdem ich auf dem Campingplatz den Luxus einer Dusche genossen hatte, berichtete Tina mir lachend, dass Rico wieder da gewesen sei. Diesmal hatte er es zu weit getrieben, denn er hatte unsere Klopapierrolle gestohlen. Tina war, so erzählte sie mir, hinter ihm hergelaufen und hatte gerufen: »Rico, wo willst du denn hin? Was willst du überhaupt mit dem Klopapier, das kannst du doch nicht mal essen.« Da habe er die Rolle wieder fallenlassen. Zusammen schütteten wir uns aus vor Lachen über Rico.

Am nächsten Tag fuhren wir nach Fairbanks zum Besucherinformationszentrum, um anschließend in einer Ausstellung mehr über Alaska, seine Geschichte, die Jahreszeiten in diesem Land, die Tiere und die Einwohner zu erfahren. Das war überaus spannend. Wir erfuhren, dass Alaska mit einer Fläche von 1.536.610 km^2 größer als Texas, Kalifornien und Montana zusammen ist. Dabei leben nur 600.000 Menschen in Alaska – und die Hälfte davon in Anchorage. In Alaska gibt es rund 100.000 Gletscher, sie bedecken 28.000 km^2 des Landes und machen die Hälfte der Gletscher weltweit aus. Zudem gibt es 1.800 Inseln und 13 große, teilweise aktive Vulkane. In Alaska leben die meisten Weißkopfseeadler weltweit: Mehr als 3.500 dieser Vögel kommen im Herbst und Winter an den Chilkat River, um Lachse zu jagen. Alaska hat Nordlichter, regelmäßige Erdbeben, drei Millionen Seen und 27 verschiedene Arten von Moskitos.

Im Besucherzentrum hatte man uns empfohlen, auch das nahegelegene Pioniermuseum zu besuchen. Und auch das war wirklich eine Besichtigung wert: Wir konnten in einen alten Zug steigen und uns die verschiedenen Waggons anschauen. Vor dem Zug stand ein riesiger Schaufelraddampfer, der uns in alte Zeiten versetzte. Sogar ein Dörfchen war im Stile der Pioniere aufgebaut.

Als wir über den großen Platz der Besucherinformation schlenderten, kam es zu einem Gespräch mit dem Herrn des Infozentrums. Schnell stellten wir fest, dass wir uns leichter auf Deutsch als auf Englisch unterhalten konnten. Bei näherem Hinhören nahm ich sogar schwäbische Begriffe wie »Muck« für »Fliege« wahr. Als ich ihn auf seinen mir nur allzu bekannten Dialekt ansprach, erzählte er mir, dass er als Austauschschüler ein Jahr in Blaubeuren bei Ulm gelebt habe. Ich grinste und schüttelte den Kopf: Da war ich nach Alaska gereist und hörte dort meinen Dialekt. Unglaublich, oder?

Abends kehrten wir auf unseren vorherigen Übernachtungsplatz zurück.

Wir wollten früh zu Bett gehen, um gegen Mitternacht aufzustehen und die faszinierenden Nordlichter zu sehen. Für mich war es ein noch nie dagewesenes, fantastisches Erlebnis, das mir ganze Schauer über den Rücken jagte und mich ehrfürchtig werden ließ. Es war gespenstisch und sagenhaft anzuschauen, wie gelbe, grüne und blaue Lichter wie Schlieren über den Nachthimmel zogen, flackerten und leuchteten. Einen vollgepackten Sternhimmel konnten wir auch bewundern und einige Sternschnuppen fallen sehen.

Der nächste Morgen war, wie die Tage zuvor, sehr vielversprechend. Strahlend blauer Himmel und Sonnenschein weckten uns, als wir unsere »Vorhänge« (sprich: die Mülltüten) beiseite nahmen. Da unsere Wasservorräte nun merklich schwanden, machten wir uns auf den Weg zur Wasserstation von Fairbanks. Hier können sich alle Menschen in und um Fairbanks mit Trinkwasser aus einer klaren, natürlichen Quelle versorgen. An dieser Wasserstation kam ich schnell ins Gespräch mit einem älteren, Zigarren rauchenden Mann, der den Eindruck machte, als sei er den zwanziger Jahren entsprungen. Er hieß Bob, und wie sich herausstellte, lebte er schon seit Jahrzehnten allein in einer Hütte im Wald. Einer Frau, so meinte er, würde es bei ihm sicherlich gut gefallen. Es gebe zwar keinen Strom, aber er selbst habe zwei Generatoren gebaut.

Wir unterhielten uns über eine Stunde lang. Schon lange hatte ich erfahren wollen, wie man in der Wildnis lebt und überleben kann. Schließlich fragte ich ihn unverblümt, ob wir ihn besuchen kommen dürften. Ein strahlendes Lächeln erhellte sein Gesicht. Aber klar doch, antwortete Bob. Wir verabredeten uns für den nächsten Nachmittag und ließen uns nicht nur seine Anschrift, sondern auch eine Wegbeschreibung geben. Tina und ich waren aus dem Häuschen. Was wir alles erlebten, passte bald nicht mehr unter eine einzige Kuhhaut!

Bevor wir Bob besuchten, gingen wir Lebensmittel einkaufen. Für Bob besorgten wir ein Glas seiner geliebten Erdnussbutter. Ich hatte mich vorher bei ihm erkundigt, was wir ihm mitbringen könnten. Schließlich wollten wir bei unserem Besuch, zu dem ich uns auch noch selbst eingeladen hatte, nicht mit leeren Händen dastehen.

Seine Wegbeschreibung passte genau. Der letzte Teil der Strecke war ein

Schotterweg, und wir waren uns nicht sicher, ob unser Chavalier diesen auch bestreiten konnte. Als wir Bobs Hütte sahen, hupten wir kurz, und schon kam er uns winkend und humpelnd entgegen. Ganz offensichtlich freute er sich über unsere Ankunft. Sein Bein, so erfuhren wir später, hatte er bei einem Unfall im Wald gequetscht. Seither hatte er Probleme, wieder richtig gehen zu können.

Begeistert führte er uns über sein Grundstück und zeigte uns seine aktuelle Arbeit: Holzmachen für den bevorstehenden Winter. Dann führte er uns seine anstehenden Projekte vor, wie die Reparatur eines kleinen alten Mofas, das geduldig gegen einen Baum lehnte. Und schließlich zeigte er uns seinen »shop« (Werkstatt), in dem er bei wärmeren Temperaturen gerne arbeitete. Dann führte er uns zu seiner Bleibe, die auf Stelzen stand. Dies hatte mehrere Gründe, wie er uns erklärte: Zum einen gebe es um die Hütte herum immer wieder Wasser. Zum anderen wegen der vielen Baumwurzeln. Und dann würden in Alaska für Bauten, die nicht direkt auf dem Grund standen, auch keine Steuern erhoben. Vor der Hütte stand Bobs blauer Wagen, dicht geparkt an den paar Holzstufen, die in seine kleine Bleibe führten.

Bevor wir uns setzten, musterten wir erstaunt das Innere von Bobs Heimat. Wir standen in einem Raum, auf dessen rechter Seite in der Ecke die erste Werkbank mit allerlei Zeug zum Reparieren untergebracht war. Bob hatte eine technische Begabung und liebte es, alte Dinge, die andere Leute nicht mehr brauchen konnten und wegwarfen, wieder in Gang zu bringen. Auf dieser Seite gab es noch ein recht großes Fenster, das einzige im ganzen Raum. Daran schloss ein schmales, offenes Regal an, auf dem alle möglichen alten Bücher standen, unter anderem eines über Deutschland, das Bob uns freudig zum Anschauen gab. Es stammte aus der Nachkriegszeit, und ganz offensichtlich war auch die Zeit in Bobs kleiner, kärglicher Behausung stehengeblieben. Im Bücherregal stand auch ein kompakter kleiner Flimmerkasten, der, wie Bob uns stolz berichtete, sage und schreibe zwei Programme in schwarzweiß empfing, zurzeit funktioniere aber gerade keines. Ebenso besaß Bob einen Kassettenrekorder, aus dem später typische Countrymusik erklingen sollte.

An der Wand gegenüber der Eingangstür stand ein altes, heruntergekommenes Sofa, darüber hingen Bilder, die Jahrzehnte alt waren, und ein Gewehr. Dann kam rechts davon nochmals eine Werkbank, sie schien das Zentrum des einzigen Raumes auszumachen. An dieser Werkbank standen zwei schmale Holzbänke, auf denen Tina und ich uns niederließen. Sie diente wohl auch gleichzeitig als Essenstisch. Links vom Eingang befand sich eine Art kleine Küche mit gegenüberliegendem Holz- oder Kanonenofen. Ein Durchgang führte in eine kleine, museumshafte Schlafstätte, mit Decken, die kaum die Kälte abhalten konnten. Anstatt eines Schrankes gab es gegenüber der Schlafpritsche Regale mit Werkzeug und allerlei Kram und einer weiteren kleinen Werkbank. Ich versuchte mir nichts anmerken zu lassen, aber innerlich wunderte ich mich sehr, wie ein Mensch so leben konnte.

Bob freute sich, dass wir da waren, hatte er doch seit Jahren keine Gäste mehr gehabt. Begeistert setzte er Wasser für einen Kaffee auf und fragte uns, ob wir denn gerne Honig dazu nehmen würden. Unsere Antwort wartete er allerdings gar nicht erst ab. Emsig lief er hinaus, über die Stufen runter, ums Eck und zu seiner kleinen Werkstatt, die sich gleich unterhalb des einzigen großen Fensters befand. In seiner offenen, überdachten Werkstatt befanden sich eine Gefriertruhe und ein kleiner Kühlschrank, dem Bob nun den Honig entnahm. Als wir den gutriechenden heißen Kaffee in unserer Tasse hatten, begann Bob zu erzählen.

Er erzählte uns von dem Eichhörnchen, das mit ihm zusammen lebe und sich mit ihm gemeinsam auf den bevorstehenden Winter vorbereite. Hin und wieder beglücke er es, indem er eine alte Socke draußen platziere – für den Nestbau. »She is so busy«, meinte Bob, was so viel heißt wie: »Sie ist so beschäftigt.« Das Hörnchen hatte zwar keinen Namen, aber für Bob war klar, dass es ein Weibchen war. Wenn dann der Wind komme, meinte er, falle wieder alles aus dem Nest, das sie hoch oben in der Krone des an das Haus angrenzenden Baumes gebaut hatte – und der ganze Stress begänne wieder von vorn, und sie sei wieder »busy«.

Seinen blauen Wagen parke er deswegen so dicht an der Außentreppe, um jederzeit von der obersten Stufe aus auf sein Fahrzeug springen zu können. Denn er müsse, so Bob, immer mit Grizzlybären rechnen. Er habe deswegen auch gleich an der Haustür einen Brenner stehen, um sich damit im Notfall gegen diese Tiere zu wehren. Direkt an seinem Haus führe ein Trampelpfad vorbei, auf dem Elche, Wölfe und Bären unterwegs seien. Vor allen Dingen nach dem Winter würden die Bären versuchen, auf der Suche nach Essbarem über das Dach seiner Werkstatt ins Innere der Hütte zu gelangen. Sie machten auch nicht Halt davor, mit ihren Riesenpranken die Fensterscheibe einzuschlagen. Dieser Umstand erklärte nun auch die Holzkonstruktion am unteren Ende des Fensters. Ich ging zur Scheibe, um mir die Szene gedanklich vor Augen zu führen. Dabei entdeckte ich ein paar Meter von der Werkstatt entfernt das kleine »outhouse« (Außentoilette). Anschließend zeigte Bob uns stolz die Lampen, die er gerade reparierte, und mit stolzgeschwellter Brust führte er uns auch seine zwei Generatoren vor.

Bob kam ursprünglich aus New Hampshire im Osten der USA. Sein Vater war gestorben, als er gerade mal dreizehn Jahre alt gewesen war. Seither hatte er alles Mögliche an allen möglichen Orten gearbeitet: Er hatte beim Bau der Pipeline mitgearbeitet, Häuser und Generatoren gebaut und sogar in der Goldmine gearbeitet. Seit fast zwanzig Jahren lebte er nun schon in Alaska, alleine in der Wildnis; im Einklang mit der Natur und den Wildtieren. Auf meine Frage, ob er sich denn nicht einsam fühle, meinte Bob, er genieße die Ruhe und die Stille, und schließlich habe er seine wilden Tiere und das Eichhörnchen. Ob er sich denn, allein schon zum Schutz gegen gefährliche Tiere, nicht einen Hund zulegen wolle, fragte ich weiter. Darauf antwortete er, er wolle die Tiere ja sehen und mit ihnen leben, ein Hund würde sie mit seinem Bellen nur verscheuchen. Nun schaltete Bob seinen Kassettenrekorder mit Countrymusik an, holte eine alte Trompete hervor und spielte uns ein paar Takte vor, während er sich um seine eigene Achse drehte.

Es war für uns alle ein sehr interessanter Nachmittag. Doch nun war es an der Zeit zu gehen, wir hatten schließlich bis zu unserem Übernachtungsplatz noch einige Kilometer zurückzulegen. Eines wollte ich aber noch haben: ein Foto von Bob. Er wollte zusammen mit mir abgelichtet werden und legte spontan den Arm um meine Hüfte, nicht nur das, er zog mich regelrecht an sich. Bob oh Bob! Als wir uns verabschiedeten, ging Tina schon voraus zum Wagen, und Bob meinte zu mir, er wolle den Winter nicht alleine verbringen, er suche eine Frau, die ihn den Winter über warmhalte und die er heiraten würde, zum Beispiel – mich! Ich lachte. Um etwas vom Thema abzulenken, bat ich um seine Adresse, so könne ich ihm dann das gemeinsame Bild als Erinnerung schicken. Sobald ich einen Drucker zur Verfügung hätte, versprach ich ihm, würde ich es tun. (Und ich habe mein Versprechen gehalten.)

Nach einer Weile kam er wieder aus seiner Hütte heraus und überreichte mir einen orangefarbenen Zettel mit seiner Adresse. Ach, es werde so einsam sein, wenn ich weg sei, sagte er. Ich lächelte ihn etwas hilflos an und meinte dann, es sei hier doch schon immer einsam gewesen, und er müsse sich vielleicht des Öfteren in die Stadt begeben, um Leute, speziell Frauen kennenlernen zu können. Oder er solle öfter als alle zwei Monate zur Wasserstation gehen, bei der wir uns getroffen hatten. Dann gäbe es ja noch die Möglichkeit, eine Zeitungsannonce aufzugeben.

Wir gingen dann zur der ungeduldig wartenden Tina, und ich schenkte Bob spontan einen meiner englischen Romane. Das war eine Liebesstory, aber besser als nichts, dachte ich, und vielleicht ermutigte es ihn, etwas gegen seine Einsamkeit zu tun. Als ich ihm das Buch überreichte, fragte er mich fordernd, ob ich ihm einen »hug«, eine Umarmung geben könnte. Ich lächelte ihn an, gab ihm einen »hug« und drückte ihn fest an mich. Das musste für die nächste Zeit reichen. Im Auto drehte ich mich noch einmal um und winkte ihm zum Abschied. Als er außer Sichtweite war, war ich etwas durcheinander. Natürlich erzählte ich Tina von der Unterhaltung mit Bob. Sie kriegte sich kaum mehr ein. »Das ist ja der Hammer!«, rief sie immer wieder aus. Was für ein erlebnisreicher Nachmittag das gewesen war. Nein, so was aber auch!

Am nächsten Tag fuhren wir nach Chicken. Es war eine wunderschöne Fahrt. Der Herbst hatte nun, Anfang September, bereits Einzug gehalten. Wegen des Federungsproblems unseres Chavaliers wollten wir nicht den Top of the World Highway nach Dawson City fahren. So nahmen wir für den Rückweg die gleiche Straße, die uns hergebracht hatte, was aber nicht langweilig war, hatten wir doch nun eine andere Perspektive. Wiederum fanden wir abends einen lauschigen Platz zum Übernachten. Es war so still, man hätte buchstäblich eine Stecknadel fallen hören. Selbst bei angestrengtem Lauschen konnten wir nichts, aber auch gar nichts vernehmen als das Rauschen der sich im Wind wiegenden buntgefärbten Blätter.

Am Donnerstag, dem 1. September fuhren wir von Alaska in den Yukon, nach Beaver Creek, Kanada, ein. Nun mussten wir die Uhr wieder um eine Stunde vor stellen und uns an Kilometerangaben gewöhnen. Wieder machten wir am Besucherinformationszentrum halt. Der Angestellte erkannte uns auch gleich wieder. Freudig befragte er uns zu unserem Abenteuer Alaska. Wir erzählten begeistert und aufgeregt, was wir auf unserer Reise erlebt hatten.

Unseren Übernachtungsplatz fanden wir an einem wunderschönen großen Bergsee, unweit unseres vormaligen Übernachtungsplatzes oberhalb des Kluane Rivers. Nach einem Bad im See genossen wir ein Abendessen aus Kartoffelbrei und je drei (!) Spiegeleiern. Obendrein gab es noch ein Bierchen zu trinken, denn schließlich war dies ein besonderer Abend: Am nächsten Tag würde ich meinen Geburtstag feiern. Die Bergketten leuchteten im Abendrot, dann wurde es immer dunkler. Zeit für uns, schlafen zu gehen.

Tina überraschte mich am nächsten Tag mit gleich zwei Geburtstagsständchen und einem Gutschein für eine Übernachtung auf einem Campingplatz oder in einem hostel. Sie wollte mir an meinem Geburtstag die Möglichkeit geben, ins Internet zu gehen, um mit meinen Freunden, für die ich daheim eine Party schmiss, zu »skypen« (übers Internet zu telefonieren). Ebenso bereitete sie für mich ein Frühstück aus zwei Bechern Kaffee und angebratenem Toast mit Butter, Marmelade und Honig zu. Wie lecker! Ich aß gleich vier Stück, den Abwasch übernahm zur Feier des Tages ebenfalls Tina.

Nun war es die Morgensonne, in der die Berge rot leuchteten. Das Licht änderte sich im Minutentakt. Gut gelaunt fuhren wir nach Haines Junction in ein Café – ich spendierte Kaffee und Kuchen. Als wir nach ausreichender Pause weiterfuhren, bekamen wir Schwarzbären zu Gesicht, die geschäftig am Straßenrand Gras fraßen. Kurz vor Haines, wieder zu Alaska gehörend, konnten wir erstmals Braunbären beim Lachsefischen beobachten. Die Uhr wurde wieder um eine Stunde zurück gestellt, ebenso erfolgten die Entfernungsangaben nun wieder in Meilen.

Bei strömendem Regen kaufte ich Sekt und eine Art Schaumwein sowie eine Schokoladentorte für Tina und für mich den heißersehnten Lachs. Seit geraumer Zeit sprachen wir immer wieder davon, was es an meinem Geburtstag zum Essen geben würde. Tina schwärmte mir von Torte vor, ich sah Unmengen von Lachs vor mir. Nun war es endlich so weit. Das einzige, was wir nun noch brauchten, war eine Unterkunft. Die fanden wir unweit von Haines' Häuseransammlungen in einer Art hostel, das aus verschiedenen Hütten bestand: den Übernachtungshütten und einer Hütte mit der Gemeinschaftsküche. Im Hauptgebäude hatte es Duschen und Toiletten. Perfekt! Das war wie gemacht für uns. Was unsere Party betraf, konnte es uns nicht schnell genug gehen. Mein einziger Gast, Tina, hatte nur die Torte im Kopf, ich nur den Lachs. Es war eine tolle, schöne, reichhaltige und einmalige Geburtstagsfeier.

Skypen konnte ich tags darauf mit meinen Freunden. Sie waren einen Tag nach meinem Geburtstag auf meiner Party, bei der ich selbst nicht anwesend sein konnte. Da sie zeitlich zehn Stunden voraus waren, stand ich morgens pünktlich auf, genehmigte mir eine ausgiebige Dusche und war nun bereit, meine Gäste im fernen Deutschland zu begrüßen. Doch meine Partygäste waren noch nicht auf Skype. Kurzerhand rief ich sie auf dem Festnetz an, mit der Bitte, doch online zu gehen. So konnte ich mein Geburtstagsständchen auf Deutsch und auf Englisch hören und mit allen sprechen. Das war vielleicht ein Highlight!

Noch am selben Tag fuhren wir nach Kanada, Whitehorse. Das Wetter besserte sich nicht. Abends sichteten wir eine große Herde Riesenhirsche: elks! Tags darauf reisten wir zurück nach Alaska, Skagway – und stellten wieder die Zeit um eine Stunde zurück und uns auf Distanzangaben in Meilen statt Kilometer ein.

In der Geisterstadt Dyea sahen wir viele Pilze, auch Fliegenpilze. Wir besuchten auch den alten, gespenstisch wirkenden Friedhof. Danach machten wir uns auf Erkundungstour in Skagway. Im Besucherzentrum sahen wir uns zwei Filme über die Zeit des großen Goldrausches und den berühmten Chilkoot-Trail an. Dieser historische trail (Weg) war zu Beginn des Goldrushs am Klondike die einzige Möglichkeit gewesen, von Dyea bei Skagway in Alaska über den Chilkoot Pass zu den Goldfeldern im Klondike zu gelangen. Der Weg ist kein Spaziergang, auch wenn man heute »nur« den Rucksack tragen muss. Weltberühmtheit erlangte der Chilkoot-Trail 1897/98, als über 100.000 Goldsucher den Bergpass in Richtung Dawson City erstürmten, wo im Vorjahr einer der größten Goldfunde der Geschichte gemacht worden war. Der trail war mehr als 50 km lang und führte von Meereshöhe in Dyea bis auf etwa 1000 Meter in Passhöhe durch eine alpine Bergwelt mit Seen und Wasserfällen auf der kanadischen Seite der Grenze. Zahlreiche Überreste aus der Zeit des Goldrausches vermittelten das Gefühl, durch ein Museum zu wandern.

Auf der Rückfahrt über Whitehorse trafen wir am Straßenrand einen Bären an, und gegen Spätnachmittag machten wir in der »kleinsten Wüste der Welt«, der Carcross Desert, Halt. Hinter kilometerlangen Sanddünen war immer wieder ein Nadelbaum zu sehen, und ganz am Rande erhoben sich Wälder und Berge. In Wirklichkeit ist die Carcross Desert gar keine Wüste, denn der Sand ist ein Überbleibsel eines prähistorischen Gletschersees. Ein geologisches Wunder!

Unseren Schlafplatz fanden wir auf einem Parkplatz einer denkmalgeschützten Stätte. Dieses Dorf war hundert Jahre alt, und alle nur vorstellbaren Gegenstände befanden sich an dem Ort, an dem sie einst auch wirklich gestanden hatten. Von alten Kanistern über Öfen und Herde bis zu Bettgestellen, bei denen die eine oder andere Feder vorwitzig und natürlich total verrostet hervorstach, war alles zu sehen. Wir staunten sehr, denn weder verlangte man für dieses tolle Freilichtmuseum Einritt, noch war es abgesperrt. Frei bewegten wir uns auf der historischen Stätte und konnten sogar in uralte Holzhäuser und Ställe eintreten. Entlang der Behausungen war die alte Bahnlinie zu sehen.

Schließlich machten wir am nächsten Tag noch einen Zwischenstopp im »Schilderwald« von Watson Lake. Das war schon irre, all die Ortsschilder zu sehen, darunter auch viele gelbe aus Deutschland. Direkt verirren konnte man sich dort. Und es gab lustige Ortsnamen zu sehen wie zum Beispiel »Poway«.

Auf unserem geliebten Stewart Cassiar Highway fuhren wir wieder zurück. Der Herbst war deutlich vorangeschritten, nicht nur die Nächte waren empfindlich kalt geworden, auch das Laub der Bäume, Büsche und Weiden hatte nun schon eine dramatische Verfärbung angenommen. Die Rückfahrt würde sicherlich ganz anders sein, dachten wir. Und so kam es auch.

Vergnügt starteten wir und bewunderten bei strahlendem Sonnenschein die Herbstfarben des vielgepriesenen »Indian Summer« (Altweibersommer). Nach über 300 km wurden wir jedoch durch ein Stopp-Schild gebremst, das eine freundliche Kanadierin in die Höhe reckte. Auf meine Frage, weshalb wir denn ab hier nicht weiterfahren konnten, hieß es: Der Highway nach Steward sei komplett gesperrt wegen Überflutung und wegen einer Schlammlawine. Oh nein! Wir hatten doch in Steward noch die Bären beim Lachsefischen beobachten wollen. Wir hatten keine Wahl, wir mussten wieder umdrehen und doch den Alaska Highway fahren. Dieser war 200 km länger und sei zudem nicht so abwechslungsreich wie unsere eigentlich geplante Route, so hatten wir gehört.

Die Fahrt erwies sich jedoch als sehr abwechslungsreich. Wir trafen auf eine Bärenfamilie – eine Bärenmutter mit ihren zwei Jungen, die wie flauschige Wollknäuel aussahen. Bereits auf den ersten Kilometern des Alaska Highways nach Süden sahen wir am Straßenrand große Kothaufen, kurz darauf tauchte ein Schild, das vor Bisons warnte, auf. Wir schauten uns ungläubig an. War dies ein Witz oder Realität? Mit einer stattlichen Anzahl von Bären hatten wir gerechnet – aber mit Bisons, den amerikanischen Wildrindern ? Das war aufregend!

An diesem Tag sahen wir sehr viele Bären und Bärchen. Dann sichteten wir ein Bison – unglaublich, wie groß und massig dieses Tier war. Mit offenen Mündern starrten wir es an. Dann mussten wir uns aber wieder die stark gesunkene Tanknadel in Erinnerung rufen. Wir hatten Glück und fanden »mitten in der Pampa« eine Tankstelle. Beim Einfahren an die Zapfsäule trauten wir unseren Augen kaum: Direkt hinter dem Schild, auf dem »Watch for wildlife« (»Bitte achten Sie auf Tiere«) stand, tauchte ein Bison auf, der nun gemächlich entlang der Auffahrt zur Tankstelle trottete. Die Zapfsäule war nun Nebensache, mit gezückter Kamera standen wir hinter unserem Chavalier und starrten wie gebannt auf die Szene. Schließlich sprang der Hofhund laut bellend auf das mächtige Tier zu. Dieses ließ sich nicht aus der Ruhe bringen, hielt nur kurz inne und starrte den Hund an, um dann gemächlich seines Weges zu gehen, auf den nächsten Grashügel zu. Was für ein Erlebnis!

Nach erfolgtem Auftanken des Wagens mussten wir uns beeilen, es war schon Spätnachmittag, und wir hatten noch einen langen Weg vor uns, mit ungewissen Möglichkeiten, was den Übernachtungsplatz anging. Die Fahrt wurde sehr abenteuerlich. Im Dämmerlicht überquerten neben den Bären und Elchen nun auch noch Bisons die Straße. Bald fuhren wir an mehreren Teilen einer riesigen Bisonherde vorbei. Das Ganze war nun nicht mehr nur toll, sondern in der Dunkelheit auch gefährlich. So entschieden wir uns, an einer kleinen Parkbucht direkt an der Straße Halt zu machen. Eilig bereiteten wir unsere Schlafstätte vor, denn nun waren wir richtig müde.

Der nächste Tag begann mit einer Katzenwäsche, Nieselregen, Nebel und einem schnellen Frühstück. Nicht weit von der Parkbucht erkannten wir den nächsten riesigen Kothaufen eines Bisons, das Tier selbst sahen wir nach Abfahrt von unserem Nachtlager friedlich und seelenruhig grasend am Straßenrand. Auch der weitere Alaska Highway war alles andere als langweilig. Wir erlebten tolle Landschaften, buntgefärbte Bäume und Wälder und eine spektakuläre Tierwelt. Wir sahen Rentiere und Gämsen. Erst etwa 200 km vor Dawson Creek stellten wir eine gewisse Eintönigkeit fest.

Am Freitag, dem letzten Tag unserer Alaskareise, lag mit 500 km Fahrt der letzte Streckenabschnitt vor uns. Dies war für uns ein leichtes Spiel, schließlich mussten wir nun nicht mehr nach einer geeigneten Übernachtungsstätte, wenn möglich mit Toilette, Ausschau halten. Ebenso wenig nach einer Bücherei oder einem Visitor Center zum üblichen Auffüllen der Wasservorräte. Doch nun war es auch nicht mehr einsam und ruhig, der Verkehr nahm für kanadische Verhältnisse wieder zu.

Nach einer langen Fahrt fuhren wir am Freitag, dem 9. September gegen Spätnachmittag auf der Farm unserer neuen host ein. Dort wurden wir von einer anderen WWOOFerin aus Deutschland mit selbstgebackenen Himbeertörtchen und Kaffee begrüßt.

8 Wieder sesshaft

100 Mile House (B.-K.), WWOOFing 3: 09.–13.09.2011

Die Alaskareise war einmalig gewesen. Ich hatte dabei auch festgestellt, wie wenig es braucht, um glücklich zu sein. Ich hatte mich an allen möglichen Kleinigkeiten erfreut, sei es einem Frühstück, einem extra verdienten Kaffee, dem richtigen Rastplatz, einer Toilette, einer Waschmöglichkeit, meinem Schlafsack. Ich hatte mich über die netten Menschen, die uns oftmals weitergeholfen hatten, gefreut, über die wunderschönen Landschaften und darüber, die herrliche Tierwelt zu erleben. Gefahren waren wir mehr als 11.000 km. Nach dieser Zeit der Freiheit, aber auch der Entbehrungen, genoss ich es umso mehr, wieder an einem Ort sesshaft zu sein. In 100 Mile House angekommen, freute ich mich über das warme, weiche Bett. Die Tage waren zwar warm bis heiß, die Nächte aber empfindlich kalt, und morgens waren bereits Tautropfen an den Fensterscheiben zu sehen.

Auf der Farm lebte eine ältere alleinstehende Frau. Meine Arbeitszeit umfasste nur zwei Stunden täglich. Insgesamt waren wir vier WWOOFerinnen. Außer der Hauskatze und dem Hund gab es zehn Hühner, ein paar Ziegen und fünf Schafe, die alle wie kleine Wölkchen aussahen. Unsere host, Carol, hatte zudem einen kleinen Gemüsegarten. Unsere Zimmer befanden sich im Erdgeschoss, hier gab es auch eine kleine Küche. Jeden zweiten bis dritten Tag durften wir mit dem Geld von Carol so viele Lebensmittel einkaufen gehen, wie wir brauchten. Dabei wünschte sie uns immer fröhlich »Have fun!« (»Viel Spaß!«).

Außer einem Spaziergang mit den Ziegen auf dem Grundstück, einmal das Auto von Carol waschen und dem Anbringen von »No-hunting-Schildern« (Jagen verboten) am Zaun des Grundstückes gab es nichts zu tun. Laut Carol waren wir mit dieser Aufgabe schon »busy«. Während meines weiteren Aufenthaltes nahm ich diesen Begriff, der so viel wie »beschäftigt« oder gar »im Stress« bedeutet, immer weniger ernst. Überhaupt gewann ich oft den Eindruck, dass Kanadier schon beim Händeschütteln »busy« waren und gerne plapperten und sich Zeit ließen. Für uns war also viel »relaxen« (erholen) angesagt, was ich dann auch ausgiebig tat. Gerne lag ich in der Hängematte, die zwischen zwei Bäumen angebracht war und eine gute Zuflucht vor der Sonne bot sowie einen schönen Ausblick auf den hauseigenen See freigab. Auf diesem See versammelten sich morgens Kanadagänse, um sich auf ihren Flug ins warme Mexiko vorzubereiten. Carol erklärte uns, dass sich Kolibris an die Flügel der Kanadagänse klammerten, um mit ihnen die weite Reise gen Süden anzutreten. Nach der doch anstrengenden Alaskafahrt erschien es mir hier wie im Paradies.

An einem Tag durften wir Carol auf eine Messe, die im Ort stattfand, begleiten. Wir bestaunten herrlich genähte Quilts und andere Kunstwerke. Mich interessierte vor allen Dingen die am Nachmittag stattfindende Pferdevorführung, bei der ich mich wie im Wilden Westen fühlte. Zweimal wurden wir WWOOFer von Carol zum Abendessen in ihre Wohnung im oberen Stock eingeladen. Einmal gab es Biohähnchen mit Kartoffeln und Gemüse, ein anderes Mal Lamm mit Minze und Gemüse. Es schmeckte ausgezeichnet, und Carol erzählte uns, dass ihr Vater in den dreißiger Jahren ein bekannter Filmproduzent gewesen sei und sogar John Wayne persönlich getroffen habe. Zudem habe sie eine Freundin, die für die Filmindustrie hinter den Kulissen als Kostümschneiderin arbeite. Sie erzählte, dass berühmte Schauspielerinnen grundsätzlich mindestens eine Kleidergröße kleiner angaben, ihre berühmten männlichen Kollegen hingegen eine Kleidergröße größer. Gespannt lauschten wir ihren Geschichten.

Unsere japanische WWOOFer-Kollegin erzählte von ihrem Land und von einem Vulkan in ihrer Heimat und führte uns Origami, die Kunst des Papierfaltens, vor. Wenn der Vulkan Lava spucke, so sagte sie, werde die ausgekühlte Asche verwendet, um eine Art Bisquitrolle herzustellen, die köstlich schmecke.

Ich selbst wollte nun weiter Richtung Osten reisen, um später eine Tour durch die Rocky Mountains zu machen. So fuhr ich ein paar Tage später mit dem greyhound-Bus nach Nelson, zu meiner nächsten WWOOFing-Farm.

9 Ein Bär im Garten

Nelson (B.-K.), WWOOFing 4: 13.–21.09.2011

In Nelson war ich bei einer host namens Sally untergebracht, deren Mann vor ein paar Jahren verstorben war. Sie selber hatte gesundheitliche Probleme und besaß ein Riesenhaus, in dem sie mit einem Mitbewohner lebte, sowie einen großen Gemüsegarten.

Meine Arbeitszeiten dauerten fünf Stunden von etwa neun Uhr morgens an, mit einer einstündigen Unterbrechung um zwölf Uhr, an jedem Wochentag. Ein paar Tage werkelte ich alleine in den Hochbeeten rum, später sollte dann noch eine deutsche Abiturientin mit irischer Abstammung kommen. Für mich war es sehr interessant zu sehen, wie die unterschiedlichsten Gemüse- und Obstsorten wuchsen: Verschiedene Kräuter und Chilischoten, Paprika, sogar Auberginen wuchsen hier. Ich sah Mais, diverse Bohnenarten, Tomaten aller Art, mehrere Sorten Kohl, Kraut, Fenchel, Blumenkohl, Broccoli, Spinat, Mangold, Rote Beete, Himbeeren und Brombeeren. Obwohl das schon viele Pflanzen sind, bin ich mir nicht sicher, ob ich alle aufgezählt habe.

Der Vater von Sally war Deutscher und hatte eine Israelitin geheiratet. Die Familie hatte in New York gelebt, bis unsere Gastgeberin 14 Jahre alt gewesen war, dann wanderten sie nach Kanada aus. Mit den beiden Bewohnern des Hauses lebte noch ein kleiner weißer, älterer Hund.

Als ich mit der Abiturientin im Gemüsegarten arbeitete, sahen wir vor dem Kompost Bärendreck. Die Haufen nahmen mit jedem Tag zu. Eines Mittags, als wir gerade aßen, konnten wir vom Fenster aus den Verursacher entdecken: Ein Schwarzbär war im Garten! Leider hatte ich meine Kamera nicht zur Hand – den Anblick des Bären vom Esszimmer aus werde ich aber so schnell nicht vergessen. Sally erschreckte den Schwarzbären mit lautem Geschrei und Händeklatschen. Darauf floh er in den benachbarten Wald.

Auch hier aßen wir hervorragend. Die Zutaten stammten zumeist aus dem eigenen Garten oder wurden teuer im Reformhaus gekauft. Meistens war das Wetter gut, und ich genoss es, ungestört lesen zu können. Schade fand ich nur, dass Sally nie etwas mit uns unternahm. Nelson schien ein nettes Städtchen zu sein, viele Künstlerinnen und Künstler sollen sich dort angesiedelt haben. Aber zu Fuß hätten wir es niemals erreichen können, es war einfach zu weit weg.

Schließlich kam auch hier der Tag des Abschieds. Ich freute mich auf einen etwa zweiwöchigen Urlaub in den Rocky Mountains. Das Quartier für den Winter hatte ich auch schon gefunden, auf einer großen Heu-Ranch in dem schon vorher besuchten 100 Mile House. Ursprünglich hatte ich ja vorgehabt, immer weiter gen Osten zu reisen. Da aber östlich der Rockys alles flach war und ich im Winter unbedingt Ski fahren wollte, würde ich nach meiner Tour eben wieder gen Westen reisen.

10 Unterwegs in den Bergen

Banff, Jasper, Kootenay und Yoho National Park (B.-K., Alberta): 22.09.–08.10.2011

Nach zwölf Stunden Fahrt mit dem greyhound-Bus kam ich nachts um ein Uhr in Calgary an. Müde wartete ich mit all meinem Gepäck am Busbahnhof, bis ich um zwei Uhr nachmittags im gebuchten Hotel einchecken konnte.

Während meiner Wartezeit beobachtete ich die anderen Reisenden und hielt einen »nap« (Nickerchen) nach dem anderen. Die Zeit wollte erst nicht vorbeigehen, doch auf einmal verging sie wie im Fluge. Die Stunden rasten nur so an mir vorbei. Ich las Infoblätter, Prospekte und meinen mitgebrachten Reiseführer, und dann wurde ich von einem anderen Wartenden, einem Kanadier, angesprochen. Wir unterhielten uns gut, er bot mir einen frisch gekauften Apfel an, ich griff zu und durfte mir auch eine frische Dattel nehmen. Sein Name war Mahmoud, er lebte in Toronto und kam ursprünglich aus Ägypten.

Mehr und mehr nahm unser Gespräch dann eine unangenehmere Wendung. Er wollte wissen, ob ich alleine unterwegs sei und ohne meinen Vater reise. Schließlich wollte er noch ein Foto mit uns beiden auf seiner Kamera haben. Da zögerte ich nicht lange und ließ auch ein Foto von uns beiden mit meiner Kamera knipsen. Er betonte immer wieder, dass ich mich bei ihm melden solle, wenn ich im Jahr darauf in Toronto wäre. Schon da war ich mir mehr als sicher, dies auf keinen Fall zu tun. In Gedanken malte ich mir aus, wie ein solches Treffen aussehen würde. Nein danke, ich war doch nicht naiv.

Nachdem ich zur Erholung und Vorbereitung auf die Reise zwei Nächte im Hotel verbracht hatte, machte ich mich mit Mietwagen und Henry, einem Belgier, den ich im Hotel kennenlernte auf in die Rocky Mountains. Als wir von Calgary aus in Richtung Westen fuhren, bestaunten wir ehrfürchtig die unendlich lange Bergkette am Horizont. Wir sahen Berge, hohe Berge, und auf den hohen Bergen nochmals jeweils einen Berg. So etwas hatte ich noch nie in meinem Leben gesehen.

Bald fuhren wir in den ältesten und berühmtesten Nationalpark Kanadas, den Banff-Nationalpark, ein. Beim Lake Minnewanka liefen wir bei strahlendem Picknickwetter um den See herum, über Baumwurzeln, an einem Grillplatz und an einer Hochzeit im Freien vorbei sowie über eine Brücke, die über einen reißenden Fluss führte. Abends machten wir Halt am Two Jack Lake. In diesen kleinen Seen spiegelten sich die bereits leicht verschneiten Bergspitzen im Abendrot.

Am folgenden Tag wanderten wir an den Cascade Ponds mit wunderschönen Picknick- und Wandermöglichkeiten entlang. Der starke Strom des Wasserfalls schoss aus einem gewaltigen Bergmassiv heraus, auch er spiegelte sich wunderbar in dem Pond (Bassin).

Als nächstes suchten wir das wunderschöne Städtchen Banff auf. Gemütlich schlenderten wir durch den belebten Ort und genossen einen sehr leckeren Kaffee mit einem Sahnehäubchen in Blumenform. Dazu gönnte ich mir einen leckeren »cranberry cheesecake« (Preiselbeerquarkkuchen). Wenn schon sündigen, dann richtig!

Nach einem schönen Tag fuhren wir zum Aussichtspunkt der Bow Falls sowie zum berühmten Lake Louise und zum Moraine Lake. Wir staunten über die vielen Parkplätze am Lake Louise, die am frühen Abend und in Anbetracht des Regens nur sehr spärlich besetzt waren. So entschlossen wir uns, den abgelegenen Moraine Lake anzufahren, auch wenn dies Extrakilometer auf dem Tacho bedeutete. Hier nächtigten wir und hofften auf besseres Wetter für den nächsten Tag. Das Warten lohnte sich, heller Sonnenschein und ein blauer Himmel überraschten uns. Doch die Bergwipfel umsäumte eine gleichmäßige Schneedecke. Es war über Nacht sehr kalt geworden. Gleich nach dem Frühstück ging es los auf eine wunderschöne Wanderung um eine Hälfte des Sees herum. Das war einfach nur magisch.

Nach diesem tollen Spaziergang erklommen wir einen Aussichtspunkt – und hatten einen märchenhaften Blick auf den mit Bergen und Wäldern eingerahmten See. Auch heute noch, wenn ich die Fotos anschaue, kommt mir die Szenerie wie gemalt vor. Welch eine traumhafte Kulisse! Voller Eindrücke fuhren wir weiter an den sehr lebhaften Lake Louise. Auch dieser See war toll, begeisterte uns aber bei weitem nicht so wie der Moraine Lake.

Die steile Wanderung zum Teehaus am Lake Louise lohnte sich, auch wenn es oben sehr kalt wurde. Als wir abseits des Teehauses unsere Vesper einnahmen, wollte ein neugieriges Eichhörnchen unbedingt mit uns speisen. Es lenkte mich ab – um freien Zugriff auf unser Mahl zu haben, das wir auf einer Landkarte ausgebreitet hatten. Beinahe wäre ihm das Ablenkungsmanöver auch gelungen, aber eben nur beinahe! Überall ist es »strictly prohibited« (strengstens verboten), Wildtiere zu füttern. Daran hielten wir uns immer und zu jeder Zeit, denn es war zum Schutz der Wildtiere selbst. Inzwischen hatte es sogar zu schneien angefangen. Da war es im Teehaus umso gemütlicher. Nachdem wir uns aufgewärmt hatten, wanderten wir wieder zurück.

Der nächste Tag hielt den türkisfarbenen und langgezogenen Peyto Lake für uns bereit. Ein schmaler Pfad führte durch den bereits leicht verschneiten Tannen- und Tännchenwald zur Aussichtsplattform. Oft standen die Tannen, die in allen nur vorstellbaren Größen zu sehen waren, in Grüppchen zusammen. Die Gruppen der winzig kleinen Tännchen nannte ich den »Kindergarten«.

Immer noch im Banff-Nationalpark fuhren wir dann an der beeindruckenden Weeping Wall vorbei, der »Weinenden Wand«, einer fast senkrechten Felswand, an der in zahllosen schmalen Wasserfällen Gletscherwasser in die Tiefe stürzte. Die Straße schraubte sich nun zwischen den Bergen immer höher. Es wurde kälter, uns umgab eine traumhafte, schneebedeckte Landschaft. Der Banff National Park, 136 km westlich von Calgary gelegen, schließt an die südliche Grenze des Jasper National Parks an. In diesem erhebt sich der Mount Columbia, mit 3747 Metern der höchste Berg der Provinz Alberta. Das nach ihm benannte Columbia

Icefield, die südliche Spitze des Athabasca Glacier, gilt als eine der größten Attraktionen des Parks. Der Athabasca-Gletscher ist einer der sehr wenigen Gletscher der Erde, an die man heranfahren kann. Mit dem »Ice Explorer«, einem Spezialfahrzeug mit Ballonreifen, das sogar Gletscherspalten überwindet, lässt sich der Gletscher befahren.

Schließlich fuhren wir durch Jasper und fanden unsere nächste Übernachtungsunterkunft in süßen kleinen Hütten und Bungalows am Patricia Lake nahe dem Bergdorf. Sie lagen ganz verträumt in einem Birkenwäldchen, und ich fühlte mich wieder einmal wie bei Hänsel und Gretel. Bei einem Abendspaziergang vernahmen wir das Geräusch eines Didgeridoo (traditionelles Musikinstrument der australischen Ureinwohner). Beim Näherkommen sahen wir einen Elkbullen um seine Zukünftige werben – und da erklang es auch wieder, dieses Geräusch, das wie ein Didgeridoo tönte.

Unsere Reise durch die Rocky Mountains ging am folgenden Tag weiter zum sagenumwobenen Maligne Lake. Auf der Fahrt dorthin stoppten wir an einem anderen See und konnten zwei Elchkühe beim Äsen (Weiden) im Wasser eines Sees beobachten. Als wir am Maligne Lake ankamen, vesperten wir ordentlich und erkundeten wieder zu Fuß einen Teil des Weges um den See.

Tags darauf fuhren wir an den Maligne Canyon, um auch dort eine Wanderung zu unternehmen. Nachmittags belohnten wir uns mit einem Bad in den Miette Hot Springs, den natürlichen Mineralquellen, die einige Kilometer nach dem Örtchen Jasper lagen. Da die Außentemperaturen nun schon empfindlich kalt waren, war ein Bad in den heißen Thermalquellen genau das Richtige.

Nach einer kleinen Wanderung durch Jasper fuhren wir auch schon in den kleinsten der vier beieinanderliegenden Nationalparks ein: den Yoho National Park. In diesem liegt der türkisfarbene Emerald Lake. Leider regnete es auch hier, was uns aber nicht von einer Wanderung um diesen kleinen See abhielt.

Bei unserer Fahrt zu den Takakkaw Falls wurde die Landschaft wilder, und die Nadelbäume ragten noch höher und zackiger empor. »Takakkaw«

bedeutet in der Sprache der Cree-Indianer »Es ist herrlich«. Dabei kennen sie noch eine Steigerung: »Yoho«! Gott sei Dank hatten wir wieder gutes Wetter. So brachen wir zu einer Tageswanderung auf, die uns von den 384 Meter hohen Takakkaw Falls durch unterschiedliche Landschaften führte. Von einem Wanderweg mit niedrigen Weiden und Büschen über moosbedeckte Pfade und Kieswege im dichtbewachsenen Wald bis über Abschnitte am Geröllfeld war alles dabei. Gegen Ende der Strecke sahen wir eine trostlose Landschaft aus abgebrannten Bäumen vor einer im Hintergrund aufragenden schneebedeckten Bergkette. Weiter ins Tal führte uns der Pfad auf einen einsam gelegenen, verlassenen Campingplatz, auf dem wir bärensichere Lebensmittelaufbewahrungen sahen. Augenblicklich stieg mein Adrenalinspiegel: Auf einmal sahen schwarze Baumstümpfe für mich im ersten Moment wie Bären aus. Weiter ging es an einem tosend fließenden Gebirgsbach vorbei, im Hintergrund der Yoho-Gletscher, scheinbar greifbar nahe. Im Yoho National Park gibt es 28 Bergspitzen mit über 3000 Metern Höhe!

Zwei Tage später fuhren wir in den Kootenay National Park ein, der im Südosten Britisch-Kolumbiens liegt. Kojoten kreuzten hastig die Straße. Halt machten wir an einem klaren Gebirgsfluss mit kleinen Lachsen. Zwischendurch unternahmen wir kurze Wanderungen. Dann machten wir uns wieder auf den Weg Richtung Banff National Park. Kilometerweit fuhren wir durch bizarre Landschaften mit Bäumen, die abgebrannt waren und nun wieder anfingen zu wachsen – schaurig!

Die Nationalparks waren wunderschön. Alle vier Nationalparks bilden die »UNESCO Rocky Mountains World Heritage Site«, eines der weltweit größten Naturschutzgebiete. Wobei zu sagen bleibt, dass vor allem in den Nationalparks von Banff und Jasper das wohl größte und am meisten vorkommende »Tier« der Tourist ist.

Zurück im Städtchen Banff machten wir am nächsten Tag eine Besichtigungstour im Banff Upper Springs Hotel. Zügig kamen wir nun unserem Start- und Zielpunkt Calgary immer näher. Bei tollstem Wetter unternahmen wir noch den einen oder anderen Spaziergang mit Blick auf Calgary downtown. Hier konnte ich mich nun auch mit eigenen Augen davon überzeugen, dass die Landschaft östlich von Calgary endlos flach war. Am Flughafen von Calgary trennten sich unsere Wege. Henry flog zurück in seine Heimat und ich fuhr mit dem greyhound-Bus nach 100 Mile House in Britisch-Kolumbien.

11 Winter auf der Heu-Ranch

100 Mile House (B.-K.), WWOOFing 5: 09.10.2011–13.02.2012

Nach wieder Mal sehr langer Fahrt mit dem greyhound-Bus und mehr-maligem Umsteigen kam ich ein zweites Mal in 100 Mile House an. Am Spätnachmittag wurde ich von meinem zukünftigen host Paul im weißen Mercedes Cabrio mit Ledersitzen abgeholt.

Der Typ war mir nicht ganz geheuer. Trotz anstrengender, ermüdender Busfahrt (sage und schreibe 18 Stunden hatte sie gedauert) versuchte ich mir die Strecke einzuprägen, die wir nun fuhren. Zwischendurch erzählte er von der Ranch und von sich. Seine Partnerin sei gerade auf Jagdurlaub, meinte er, und ob ich etwas dagegen hätte, mit ihm und seiner 28-jährigen Freundin aus den USA heute zu Abend zu essen. Er war um die 70 Jahre alt! Da schluckte ich erst mal feste und begann tief durchzuatmen. Es ging mich zwar nichts an, aber oh Gott, wo war ich da gelandet und wo würde das noch enden? Egal, dachte ich mir, erst mal schauen, und wenn ich es gar nicht aushalte, kann ich immer noch was anderes suchen. So ant-wortete ich, dass es mir nichts ausmache, mit ihnen zusammen zu essen.

Auf der Ranch wurden wir von drei freundlichen Hofhunden freudig begrüßt. Jack, Blithe und Tipsy. Dann kam auch Kater Joe angeschlichen. Es war etwas viel, all das Neue, die neuen Namen, das bevorstehende Abendessen … Und dabei war ich so müde.

Ich wurde in dem einfach eingerichteten Farmerhaus herumgeführt, ebenso im Keller, wo mir alle Kühlschränke und gleich mehrere große Gefrierschränke, randvoll gefüllt mit Essen, gezeigt wurden. So viele Ge-friertruhen? Für was und für wen mochte das gut sein? Irgendwann wür-den auch die eingefrorenen Lebensmittel nicht mehr schmackhaft oder gar zu alt sein. Das konnte und wollte ich nicht begreifen. Ich stellte mein

Hab und Gut in mein zukünftiges Zimmer, das sich im Untergeschoss befand, schnaufte kurz durch, und weiter ging es mit der Besichtigung auf dem Hofgelände.

Zu dieser Zeit gab es zehn Ferkel und eine dazugehörige »sow« (Riesensau), die Mutter der Kleinen, die eine Extra-Rippe hatte. Nicht zu vergessen: fünf »feeder« (halbwüchsige Schweine), die vor dem Winter zum örtlichen Schlachthaus gefahren werden sollten, sowie sieben Kühe, die zu dem Zeitpunkt noch mit sieben Pferden zusammen weideten. Der Hof zählte außerdem drei Gänse, an die 15 bis 18 Hähne, etwa 30 Fleischenten inklusive Jungenten, sage und schreibe 35 Hühner und drei Pfaue. Das Grundstück selbst sah aus wie ein Dorf. Es umfasste das große Bauernhaus und die Scheunen sowie viele kleine Hütten und Ställe, ganz zu schweigen von einem riesigen Fuhrpark, der über das ganze Gelände verstreut war, teilweise noch in Benutzung, teilweise abgestellt und nicht mehr benutzt, weil schrottreif.

Paul fuhr mit mir vom Haupthaus in einem Geländewagen, der hinten schon gar keine Sitze mehr hatte und für öffentliche Straßen nicht mehr zugelassen war, zu einer der Hütten und stellte mir Susan, eine WWOOFerin aus den USA vor, die schon seit Beginn des Sommers auf der Farm war und noch bis Ende Oktober bleiben würde. Das war also die angebliche »Freundin«. Mir ging eine ganze Batterie von Glühlampen auf. Erleichtert über diesen Verlauf der Dinge grinste ich in mich hinein. Oh boy!

Susan kam auch mit auf die Tour im Geländewagen. Sie saß im hinteren Teil des Wagens auf einem klapprigen Balkonstuhl aus Plastik. Ihr »Anschnallgurt« waren ihre Hände, die sich später links und rechts an den Halterungen am Dach festklammerten. Und schon ging es los, raus auf den Schotterweg, am Rande der endlosen Felder mit angrenzenden Wäldern entlang, alles zum Grundstück der riesigen Heu-Ranch gehörend. Unser host fuhr rasant, und ich war froh, dass wenigstens mein Sicherheitsgurt noch funktionierte. Schließlich fuhr er mit halsbrecherischer Geschwindigkeit die hofeigene Sandgrube annähernd senkrecht hinunter, wobei ich schrie, was das Zeug hielt. So ein Adrenalinschub aber auch!

Und weil es so schön war, gab es noch eine Wiederholung – der Fahrt und meiner Schreie.

Zur Entspannung zeigte mir Paul voller Stolz noch seinen »dump« (Müllabladeplatz). Das war eine Ablagerung und Ansammlung von privatem ausrangiertem Fuhrpark, ehemaligen Transportfahrzeugen, alten Traktoren und ausgedienten Elektrogeräten. Zur Krönung gab es obendrein ein riesiges aufgebaggertes Loch, in das alles geschmissen wurde, was man loswerden wollte: alte Eimer, Eisenteile – und verdorbenes Essen aus der Tiefkühltruhe. Die Fahrzeuge waren laut seiner Auskunft noch nützlich zum Ausschlachten. Für diesen Tag hatte ich genug gehört von dem Müllabladeplatz, den ich später auf »the museum« umtaufte. Nach der Besichtigung des riesigen Geländes war ich froh, endlich in meinem Zimmer etwas zur Ruhe zu kommen, bevor es Abendessen gab. Später schlief ich wie ein Stein, aber das wunderte mich nicht.

Was ich am Ankunftstag nicht wusste: Am nächsten Tag, dem 10. Oktober, würde Thanksgiving, das amerikanische Erntedankfest, gefeiert werden. Da hatte ich mal wieder Glück gehabt! Paul hatte für diesen Abend »turkey« (Putenbraten), »mushed potatoes« (Kartoffelbrei) und zum Nachtisch einen »squash pie« (gedeckter Kürbiskuchen) gemacht. Zu Besuch kam eine alte Freundin von ihm mit ihrem Enkelsohn. Das Essen schmeckte ausgezeichnet, wir tranken Wein dazu. Enkel und Oma hielten sich an das Dosenbier, das sie mitgebracht hatten – in Kanada ist es üblich, selber alkoholische Getränke auf eine Feier mitzubringen – und tranken je mindestens sieben Dosen. Mit jeder Dose stieg die Stimmung.

Während den nächsten Tagen durfte ich massenweise »grabapples« ernten – das sind winzig kleine, meist säuerliche Äpfel, die einfach in den Mund gestopft und mit allem, was dazugehört, gegessen werden. Daher auch ihr Name: »to grab« bedeutet so viel wie sich etwas schnappen. Aus den grabapples stellten Susan und ich im Laufe der Ernte Saft, Apfelmus und Trockenfrüchte her. Nach den grabapples kamen Kartoffeln unterschiedlichster Sorten an die Reihe. Das Ausgraben war sehr anstrengend und mühselig. Die Kartoffeln wurden in großen Plastikeimern gelagert.

Auf eine Schicht Kartoffeln kam eine Schicht Sägespäne. Auch den »kale« (Grünkohl) ernteten wir und machten daraus leckere kalechips.

Unsere Arbeitszeit sollte etwa sechs Stunden täglich an sechs Tagen die Woche betragen. Allerdings betrug meine tatsächliche Arbeitszeit umso mehr, je länger ich auf der Heu-Farm war. Dies war von mir auch so gewollt. Zur Entspannung unternahm ich oft zusammen mit den drei Hunden Spaziergänge auf den hauseigenen Kieswegen, manchmal bis zum See, der am äußeren Ende des Besitzes lag. Ab und an kam auch Susan mit. Bei einem gemeinsamen »walk« (Spaziergang) beobachteten wir eine Rieseneule, die versteckt in einem Birkenwäldchen saß und uns unerschrocken anglotzte – um dann doch wegzufliegen.

Als die Partnerin meines hosts von ihrem Jagdurlaub zurückkam, brachte sie ein erlegtes Reh mit (ein sogenannten »white-tailed deer«). Das galt es nun im »shop« (in der Werkstatt) an einer Vorrichtung ein paar Tage zum Ausbluten aufzuhängen. Nein danke, ohne mich. Schließlich fuhr es mir schon beim Anblick eines Schnittes oder einer Wunde in den Magen. Hastig entfernte ich mich vom Ort des Geschehens. Ein paar Tage später galt es, das geschossene Wild zu zerteilen. Mit weitaufgerissenen Augen starrte ich die Berge von Fleisch auf dem Esszimmertisch an. Dieser Geruch! Ich war froh, dass die Balkontür geöffnet war. Meine Aufgabe bestand darin, die abgeschnittenen Fleischbrocken, teils noch an Knochen oder den Hinterläufen sitzend, kleinzuschneiden und in Gefrierfolie einzupacken, dann zu beschriften. Sie würden später für Hackfleisch verwendet werden. Ich fand, dass ich meinen Job gar nicht so schlecht machte. Als aber der Schädelknochen ausgekocht wurde, um restlos von Fett und den Augen befreit zu werden, suchte ich das Weite.

Beim Abendessen, zu dem Freunde meiner hosts kamen, schmeckte mir das Fleisch erstaunlicherweise schon wieder. Ich hatte mich schon mit dem Gedanken befasst, Vegetarierin zu werden. Aber komplett auf Fleisch verzichten? Dazu schmeckte es mir nach wie vor zu gut. Aber ich bin sicher: Wenn alle Menschen, die Fleisch essen, ihre Tiere selbst töten müssten, gäbe es Vegetarier zuhauf.

Zum »lunch« (Mittagessen) gab es oft eine ordentliche Brotzeit mit vielen leckeren Köstlichkeiten und selbstgebackenem Brot. Zum »supper« oder »dinner« (Abendessen) wurde meistens groß aufgekocht. Wenn, egal zu welcher Zeit, Freunde oder Nachbarn kamen und wir gerade beim Essen saßen, wurde einfach ein Stuhl mehr an den Tisch gestellt und aufgerückt, um für den Gast Platz zu machen. Darum beneide ich die Kanadier: Die Leute stressen sich nicht zu arg und haben Zeit für ein Gespräch, für ein Miteinander. Vielleicht liegt das auch daran, dass in Kanada recht wenige Menschen leben und sie erfahren haben und wissen, dass Menschen andere Menschen brauchen. Jeder ist auf den anderen angewiesen.

Oft half ich mit, die »square bales« (quadratische Heuballen), von denen einer 75 Pfund (!) wog, auf den »trailer« (Hänger) zu verladen, um Kunden zu beliefern. Bei den Kunden galt dann das gleiche Spiel rückwärts: vom trailer abladen und in den Heuschober stapeln. Das war schweißtreibende Schwerstarbeit und erforderte viel Kraft und Ausdauer. Erleichterung verschafften die sogenannten »hooks« (Greifhaken), die als Verlängerung der Arme fungierten und den Rücken deutlich entlasteten.

Wenn wir Heu stapelten, aß ich zum Frühstück gleich das Doppelte. Schon beim ersten Hochheben des Heuballens merkte ich, wie viel Energie das brauchte. Nach einer Stunde stellte sich schon wieder ein Hungergefühl ein. Ich aß wie ein Scheunendrescher und legte an den Oberarmen ordentlich an Muskelmasse zu. Auch wenn ich mich sehr fit fühlte – es war eine Heidenarbeit, die auch nicht jeder WWOOFer ausführen kann und ausführen sollte.

Ich war froh, dass ich mein kleines Zimmerchen hatte und mich immer wieder zurückziehen konnte. Abends schlief ich meistens sofort ein. Nachts bemerkte ich, wie meine Hände und Muskeln von der anstrengenden Arbeit schmerzten. Der Farmalltag hatte für mich nun keinen romantischen Touch mehr. Das wollte ich nicht mein Leben lang machen, weder als WWOOFerin noch als Farmerin. Nun verstand ich besser, weshalb die Bauern oft so »abgearbeitet« sind, vielfach mit krummem Rücken im Alter. Nur erahnen konnte ich, wie schwer es früher für Farmer gewesen sein musste.

Auch wurde mir klar, dass die Bedingungen in Kanada für Menschen und Tiere viel härter sind. Die Sommer können sehr heiß und die Winter extrem kalt (minus 45 Grad Celsius und kälter) werden. Kanada, so stellte ich fest, ist sehr ursprünglich und wird von Ost nach West immer jünger. Zumindest auf dem Land entwickelt es sich noch stark. Speziell die Farmen im Westen existieren nicht mal seit hundert Jahren. Da Kanada ein »junges« Land ist, erklärt es sich auch, dass die Wege zu Farmen nicht geteert und Häuser und Hütten provisorisch gebaut sind. Jeder versuchte und versucht immer noch, so viel wie möglich selbst zu machen, ob es der Bau eines Hauses, der Bau eines Stalles, das Halten von Tieren oder das Anbauen von Obst und Gemüse ist.

Manchmal wurde ich durch ein seltsames Geräusch wach. Etwas kratzte hinter dem Kopfende meines Bettes, dann schien dieses Etwas am Bett entlangzulaufen, um an der nächsten Ecke schnüffelnd stehenzubleiben. Das war mir fast schon unheimlich. Als eines Nachts dann wieder das gleiche Spiel losging, machte ich hastig meine Taschenlampe an, um zu schauen, ob sich das Viech vielleicht im Zimmer befand. Zum Glück war das nicht der Fall. Es konnte also nur in der Wand sein. Jede Nacht fand nun das gleiche Spiel statt, ein Scharren und Kratzen hinter meinem Kopf, Entlanglaufen an der Wand, um schließlich schnüffelnd und scharrend vom anderen Ende der Wand meine Nachtruhe zu stören. Das Tierchen war »busy« (beschäftigt).

So konnte es nicht weitergehen, ich brauchte meinen Schlaf! Als ich mir ein Herz fasste und mein Problem am Frühstückstisch schilderte, erwiderte Mal nüchtern, dass dieses Tierchen doch bestimmt nicht grösser sei als ich und mir deswegen auch keinen Schaden zufügen könne. So ein Witz! Auf die Antwort hatte ich echt gewartet. Er hatte gut reden, seine Nachtruhe wurde zwei Stockwerke höher bestimmt nicht gestört. Ich ließ aber nicht locker und brachte das Thema einen Tag später nochmals auf den Tisch. Wenn dieses Geräusch nicht bald aufhöre, so sagte ich, würde ich dieses Viech eines Tages mit Zucker und geschlagener Sahne Kater Joe servieren. Jetzt lachte man, kurz darauf wurde der Keller inspiziert. Hier nahm mein host einen strengen Uringeruch wahr, den er mit einer Packratte in Verbindung brachte. Schließlich wurden im Keller einige Rattenfallen aufgestellt.

Es war tatsächlich eine Packratte. Ich bekam sie nie persönlich zu Gesicht, meine hosts aber schon, sogar Auge in Auge. Eine Packratte ist etwas zwischen einem Eichhörnchen und einer Ratte. Packratten lieben glänzende Dinge und sammeln sie. Natürlich sind die Viecher nicht beliebt. Um die Rattenfallen attraktiver zu machen, durfte ich sie mit Erdnussbutter, einem Stück Käse, einer Zwiebel und Alufolie bestücken. Wir fingen das Tier dann doch nicht. Aber das nächtliche Geräusch verschwand, und allein das zählte für mich. Fortan wurde ich ständig nach der Packratte gefragt. Mir war sie nun völlig egal und meine kurze Antwort lautete, sie sei bestimmt in den Flitterwochen in Mexiko.

Der nächste Morgen begrüßte uns bereits mit Morgenfrost. Die Landschaft war herrlich anzuschauen. Am Abend wurde im Ort ein »dinner for donations« (wohltätiges Abendessen) veranstaltet. Das Essen vom Büffet kostete etwas, Nachtische und Kuchen konnten ersteigert werden. Viele Frauen von 100 Mile House arbeiteten in der Gemeinschaftsküche der Veranstaltungshalle zusammen, Susan und ich halfen tatkräftig mit. Schon vom frühen Morgen an deckte ich Tische mit Platzsets und übernahm mit einer Ortsansässigen die Zusammenstellung und das Anbringen der Blumendekoration. Auch beim Spülen und Aufräumen waren wir sehr fleißig, während die Frauen des Dorfes sich längst amüsierten. Es wurde ein vergnüglicher Abend, unsere hosts, Paul und Anne, schenkten uns Wein in Hülle und Fülle ein. Ich traf bei diesem Anlass auch meine frühere host, Carol von 100 Mile zusammen mit Tina. Was für ein Wiedersehen!

Sonntags hatte ich immer meinen »day off« (frei) und konnte endlich ausschlafen. Unter der Woche war um sieben Uhr morgens frühstücken angesagt. Dann waren erst mal alle Tiere zu füttern und mit Wasser zu versorgen. Langsam wuchs ich immer mehr in meine Rolle hinein. Susan würde in den nächsten Tagen schon wieder Richtung Heimat fliegen. Zusammen machten wir unterschiedlichste Marmelade, setzten Knoblauch und ernteten Unmengen von Zwiebeln.

An einem Wochenende schauten drei ehemalige Klassenkameraden von Paul nach einem Jagdurlaub bei uns vorbei. Es war interessant, ihren

Geschichten zu lauschen. Abends grillten wir bei der Hütte am See. Einer der Bekannten, Alan, erzählte mir, er sei schon viel gereist, und von jeder Reise würden seine Frau und er etwas mitnehmen, sprich: etwas daraus lernen. Sie seien auch schon in Deutschland gewesen und hätten die schönen gepflegten Vorgärten bewundert. Das habe sie dazu veranlasst, bei sich zu Hause ihre »mess« (Unordnung) aufzuräumen. Als Alan mich fragte, ob auch ich etwas von den Kanadiern gelernt habe und mit nach Hause nehme, ob ich dort dann vielleicht eine »mess« machen würde, antwortete ich prompt: »For sure not!« (Aber ganz sicher nicht!) Denn wenn mich eines in Kanada störte, dann war das genau die Unordnung, die ich oft vorfand: in Häusern, auf Grundstücken, in Ställen … Da mein host Paul so furchtbar stolz auf seinen Müllablageplatz war, schlug ich ihm vor, den nächsten WWOOFer für ein paar Stunden am Eingang seines »Museums« auf Gäste warten zu lassen und Eintritt zu verlangen. Alle bogen sich vor Lachen!

Eine ehemalige WWOOFerin aus Deutschland traf für einen Kurzbesuch ein. Sie erschien auch später immer wieder zur spontanen Unterstützung. Mit ihr zusammen sammelten wir Hagebutten für die Marmelade- und Ölherstellung. Danach kümmerten wir uns um die verschiedenen getrockneten Kräuter, die überall im Haus hingen und nur darauf warteten, in entsprechende Vorratsgläser als Salatwürze, als Suppenbeilage, zum Verfeinern von Gerichten oder zur Verwendung als Teeaufguss gefüllt zu werden. Es war oft das herrlichste Herbstwetter, mit Morgentau und immer kürzer werdenden Tagen. Die Bäume warfen am Nachmittag immer längere Schatten. Jeder, Menschen wie Tiere, schien nochmals tief Luft zu holen für den bevorstehenden Winter.

Eines Tages wurden Susan und ich gebeten, mit dem Farmtruck ins 330 km entfernte Prince George zu fahren, um einen vor ein paar Tagen erstandenen Anhänger abzuholen. Im Cockpit des Farmtrucks stand in ausgedruckten Buchstaben »You crash – you pay« (der Unfallverursacher zahlt), so dass ich es, wenn ich nur konnte, vermied, den Truck zu fahren. Gott sei Dank fuhr dann doch die »ranchhand« (Gehilfe) der Farm nach Prince George. Das war auch gut so, denn wie sich herausstellte, waren

Schweißerarbeiten auf der Ladefläche des Trucks zu erledigen, damit der Anhänger überhaupt transportiert werden konnte. Gebraucht wurde er für die Heulieferungen. Es sei das Einfachste überhaupt, mit diesem hintendran zu fahren, meinte Paul. Man müsse lediglich bei Kurven einen größeren Radius mit einkalkulieren. Nein danke, das Gefährt sollte mal schön er selbst fahren.

Neben der Unordnung gab es noch zwei weitere Dinge, die mich in Kanada störten: Mit Zuverlässigkeit und Pünktlichkeit nahm man es nicht so genau. Nannte Paul eine Zeit, bis wann wir bei einem Heukunden sein sollten, so wartete ich oft lange, bis er auftauchte, damit wir losfahren konnten. Versprach jemand, um eine bestimmte Zeit zu kommen, konnte man sich auf Wartezeiten von einer Stunde oder mehr einstellen. Es wurden Pläne gemacht und innerhalb kürzester Zeit wieder verworfen. Ich gewöhnte mir ab, alles wörtlich zu nehmen – es kam doch anders, als geplant. Stattdessen nahm ich alles, wie es kam.

Immer wieder brachen die Ferkel aus ihrem Gehege aus. Zuerst war im Hintergrund nur leichtes Grunzen hörbar, dieses wurde aber bald ärgerlicher und schien näherzukommen. Ich stand auf der Leiter im Gemüsegarten, die Ferkel schauten mich aus ihren Äuglein frech an, dann stürzten sie sich ungestüm auf die unter mir auf dem Boden liegenden grabapples. Als sie auch noch zu kämpfen anfingen, geriet meine Leiter gehörig ins Wanken. Schnurstracks sprang ich hinunter, um sie zu verjagen. »Go home«, schrie ich und drohte, falls sie nicht heimgehen würden, würde ich sie eines Tages eigenhändig zum Schlachter bringen. Wild quiekend stoben sie auseinander – immer waren sie schneller als ich. Ich war fertig mit der Welt, außer Atem, die Ferkel immer noch nicht »daheim«, doch lachen musste ich dann doch. Auch die »feeder« (jüngeren Schweine) brachen immer wieder aus. Sie krochen unter dem sehr provisorischen, wackeligen Zaun durch und waren ebenfalls nicht so einfach wieder »heim« zu schicken.

Eines Sonntagabends war meine host Anne ganz aufgeregt. Sie hatte einen Bock angeschossen, der daraufhin in den Wald geflüchtet war. Wir sollten ihr doch bitte beim Suchen helfen. Mit Taschenlampen machten wir uns zu viert auf, das Tier zu finden. Wir suchten lange im Wäldchen nach ihm, doch in der Dunkelheit hatten wir keine Chance. Gleich nach dem Frühstück am anderen Tag setzten wir die Suche fort. Ich hatte das Glück, ihn zu finden. Aufgeregt fuhr ich zur Ranch, um Paul, meinen host zu holen. Zu dritt schleppten sie den Bock, ein muledeer, in den bereitstehenden Wagen. Ich konnte nicht mithelfen, da mir ganz anders wurde, fuhr aber im selben Auto mit, in dem der erlegte Bock lag – und versuchte irgendwie den üblen beißenden Geruch, der von dem Schuss in den Darm herrührte, zu ertragen.

Der erlegte Bock musste, bevor er zum Ausbluten aufgehängt wurde, versorgt werden. Die unteren Teile aller vier Beine wurden abgesägt – die Hunde warteten nur darauf, um damit in ihr Revier zu laufen, das Beinteil dort abzulecken und dann zu vergraben. Der Kopf wurde ebenfalls abgesägt und ward, zumindest erst einmal, nicht mehr gesehen. Dann wurde der Körper aufgehängt und hochgezogen. Ich widmete mich weiter entfernt einer anderen Arbeit, was das genau war, weiß ich nicht mehr, denn fasziniert schaute ich immer wieder an den Ort des Geschehens. Fand ich vor kurzem alles noch schlimm, grausig und eklig, schaute ich nun aus der Ferne zu, lief hin, schaute mir manches von Nahem an – und fand das doch sehr interessant. Nun ging Anne daran, dem erlegten Tier das Fell anzuritzen, um dieses dann stückchenweise abzuziehen. Schließlich hing nur noch ein rotweißes Etwas am Haken. Hier sollte es für die nächsten Tage hängen, bevor dann das gleiche Prozedere stattfinden sollte wie beim ersten geschossenen Tier.

Wenn ich wieder in Deutschland bin, so dachte ich, werde ich einen ganz anderen Bezug zu Fleisch haben. Aber auf die Idee, Eichhörnchen zu grillen und zu essen, wäre ich nie gekommen und kann das auch nicht gutheißen. Irgendwo hört es mal auf! Nicht, dass meine hosts dies taten, sie sprachen bloß davon, dass die »Ricos« gut schmecken würden, so hätten sie jedenfalls von Freunden gehört. Schließlich, so zitierten sie, äßen Eichhörnchen nur gesunde Sachen, da schmecke das Fleisch dann auch gut.

Abends fuhr Paul mit Susan, mir und ordentlich Zimtlikör über sein Gelände, um »moose« (Elche) zu sehen. Ganz nah wagten wir uns mit dem Auto an eine Elchkuh heran, die auf dem Feld in der Nähe des Sees friedlich graste. Jetzt erkannte ich auch, warum die Tiere im Straßenverkehr eine so große Gefahr darstellen: Fährt man näher an den Elch heran, erblickt man durch die Windschutzscheibe nicht den Körper, wie bei einem Hirsch, sondern die Beine. Das bedeutet, dass bei einem Zusammenstoß der Körper des Tieres in die Windschutzscheibe kracht. Obwohl sie dermaßen hässlich sind, begeisterten die Tiere mich. Ungelenk staksten sie über die Felder. Es war ein Erlebnis, einen Elch so nahe zu sehen. Darauf tranken wir nicht nur einen, nein zwei, drei Mal Zimtlikör. Mein Englisch war so gut wie nie!

Als Susan Ende Oktober abreiste, hieß es für mich, alle Tiere zweimal täglich zu füttern und mit Wasser zu versorgen. Zunächst wurden die Hunde zu ihrer Morgentoilette rausgeschickt. Es gab für jeden eine Schale Trockenfutter, das mit Wasser eingeweicht wurde. Dann begleiteten sie mich bei der Fütterung der anderen Tiere. Als nächstes ging es zu den Hähnen, dann zu den Gänsen und Enten. Weiter zu dem Riesenschwein Rose, von mir liebevoll Rosie getauft, dann zu den Hühnern und als Abschluss zu den »feedern«. Die Pferde und Kühe waren zu der Jahreszeit noch nicht zu füttern, sie fanden ihr Futter noch reichlich auf der schier unendlich weiten Weide, wo für die Tiere auch eine automatische Wassertränke stand. Die drei »peacocks« (Pfaue) wurden mit Hundefutter gefüttert. Sie hatten freien Zugang zu einem aufgeschnittenen Paket mit Hundefutter, das auf einer Anhöhe, vor den Hunden geschützt, gelagert wurde.

Mittags ging ich in den Hühnerstall, um die Eier einzusammeln. Das stieß bei den Glucken nicht immer auf Einverständnis. Sie wollten ihre zukünftigen Kinder behüten und gackerten nicht nur aufgeregt und liefen dann davon, nein, ich musste mich auch in Acht nehmen vor scharfen Schnäbeln, die nach mir hackten, vor allen Dingen, wenn ich die Hühner von ihren Eiern hochhob.

Eier von eigenen Hennen haben eine natürliche Schutzschicht auf der Eierschale. Man sollte sie deshalb nicht im Kühlschrank aufbewahren und nicht waschen, so bleiben sie geschützt und sind etwa sechs Monate haltbar. Kurz vor dem Verzehr sollte die Schale aber gewaschen werden, damit keine Bakterien ins Essen gelangen. Eier gibt es in den unterschiedlichsten Farben, von dunkel- über hellbraun, beige und weiß bis mintgrün, je nach Hühnerrasse. Es gibt die Eier in sehr verschiedenen Größen und Formen: Die sehr kleinen sind Eier von Zwerghühnern oder es handelt sich dabei um »starter eggs«, um Eier von Hennen, die gerade zu legen beginnen, diese Eier haben aber kein Eigelb. Dann gibt es mittlere runde Eier, mittlere ovale Eier, große runde Eier, große ovale Eier, sehr große ovale Eier, Eier mit Dellen und Beulen, Eier mit Deformierungen, Eier mit Kalkablagerungen. Mit anderen Worten: eine reichliche Palette. Manchmal hatte ich Probleme, meine zwei Eierkartons, die ich fast täglich komplett füllte, nein: füllen ließ, und die immer je ein Dutzend Eier fassten, zuzubekommen. Denn manche Eier waren höher und größer als der Rest. Die Eier schmeckten immer und zu jeder Zeit in allen Variationen hervorragend.

Im Stall der rooster gab es erstaunlicherweise auch immer zwei Eier einzusammeln. Nein, auch kanadische rooster können keine Eier legen. Paul hatte »versehentlich« zwei Hennen mit eingesperrt, wobei er mir selbst ausführlich erklärt hatte, dass die Hennen sich durch eine Öffnung am Hinterteil von den Hähnen unterscheiden. Alles klar, lieber host! Ich sagte zu ihm, dass er das aber noch genau studieren müsse. Seither meinte er, ich sei »cheeky« (vorwitzig).

Als den Hähnen die Federn gestutzt wurden, entkamen zwei. Glücklich über ihre wiedergewonnene Freiheit rannten sie überall herum und waren beim besten Willen nicht einzufangen, erst recht nicht tagsüber, denn Hühner sind tagaktiv. Sobald es aber dunkel wird, fallen sie in eine Art Dämmerzustand und sind viel leichter einzufangen. Bis zur Abendfütterung hatte ich die in Freiheit lebenden Hähne wieder vergessen – und erschrak umso mehr, als ich sie benommen auf dem Futtertrog im Vorraum ihres Stalles sitzen sah. Nun war es kein Problem mehr, beide in ihren Stall zu bugsieren.

Bevor im Vorratsraum des anderen Hühnerhauses vor dem Winter das Futter ausging, wurde nochmals aufgefüllt. Paul hatte eine Riesentasche Körner besorgt, die ich nun auf der Gabel des Traktors Richtung Hühnerhaus fuhr und nach seinen Anweisungen in Position brachte. Die Riesentasche hatte unten eine verschlossene Öffnung. Durch diese versuchten wir mithilfe eines kurzen Rohres die Körner über ein Fenster in das Futterhaus zu schleusen. Mittendrin schrie ich immer wieder auf, da die Taschenöffnung komplett aufzubrechen drohte. Das Rohr rutschte schließlich ab, und ich sah mich schon halb erstickt im Hühnerfutter liegen. Nach viel Schweiß und Anstrengung tätschelte mir mein Farmer die Schulter und meinte, dies sei »another canadian experience« (ein weiteres kanadisches Erlebnis). Darauf erwiderte ich, dass ich auf das Nächste bestimmt verzichten könne, sollte es diesem ähnlich sein. Ich beschreibe es mal so: Etwa zwanzig Prozent des Futters landeten außerhalb der Futterkammer des Hühnerhauses, auf mir und meinem host. Mit Eimern schaufelten wir alles ins Innere. Abends fand ich Hühnerfutter in meinem Ärmel, in meinem Hosenaufschlag und sogar in meiner Unterhose.

Den Tieren Wasser zu geben, war kein Problem, denn überall gab es Wasserhähne und Schläuche, die aber bei niedrigeren Temperaturen nicht mehr benutzt werden konnten. So hieß es fleißig Wassereimer schleppen. Die Futtereimer für die »feeder« wurden immer schwerer, doch ich machte meinen Job gerne, denn ich hatte viel Spaß dabei, die jungen Schweine zu beobachten, wenn sie mich mit ihren Schnauzen anstupsten und immer wieder kreischten, quiekten und ums Futter stritten. Dabei machten sie auch nicht davor Halt, mich anzustoßen und beinahe zu Fall zu bringen. Durch ihre Fressgier brachten sie sich manchmal selbst in Gefahr, wenn sie sich im Wahn den Futtereimer von innen besahen. Das sah vielleicht lustig aus, ein Schweinekörper und als Kopf einen weißen Plastikeimer. In Panik versuchten sie dann, den Eimer wieder vom Haupt abzustreifen.

Bange dachte ich an meine bevorstehende Aufgabe, in baldiger Zeit, alle fünf »feeder« in einen Anhänger verladen zu müssen, in dem sie zum Schlachter gefahren werden sollten. Ich hatte etwas Zeit, die Schweine an den Transporter zu gewöhnen. Schweine sind kluge Tiere, geraten allerdings leicht in Stress. Es gelang mir während der Gewöhnungszeit nicht, alle fünf gleichzeitig in den Hänger zu bekommen. Mindestens eines war immer misstrauisch und verzichtete lieber auf Futter, als in den bereitgestellten Hänger zu gehen.

Als der Tag der Tage kam, war Anne, auch mit von der Partie, denn sie gestand ein, dass es alleine wohl doch nicht zu schaffen war, die Schweine in den Hänger zu bringen und gleichzeitig die Türe zuzuschlagen. Diesmal gelang es. Ich war mit dem Futtereimer ganz hinten und schüttelte ihn immer wieder, um die Schweine hereinzulocken. Irgendwann gab auch das Klügste der Schweine vom Hunger übermannt nach und hüpfte in den Hänger. Kaum wurde von außen die Tür zugeworfen, war Stress pur angesagt: Die Schweine hüpften kreischend um mich herum. Da hieß es Nerven wie Drahtseile haben und mit ruhiger Stimme weiter auf die armen Kreaturen einreden. Das gelang mir auch, und ich gab Zeichen, wieder aus dem Hänger herauskommen zu dürfen. In dem Moment, als ich meinen Fuß auf die Erde setzte, fiel alle Aufregung von mir ab. Ich sackte in mich zusammen, fing schließlich zu zittern an – und verlangte nach einem Zimtlikör.

Meinen Schweinen trauerte ich mindestens fünf Tage nach. Ich war wirklich deprimiert, da half es mir auch nicht, dass Anne sagte, »ihre Schweine« seien glückliche Schweine gewesen, denn sie hätten schließlich die Sonne gesehen. Ich war schlicht und ergreifend traurig und brauchte meine Zeit, um darüber hinwegzukommen. Als es an einem Sonntag zum Frühstück dann gebratenen Speck gab, konnte ich nicht widerstehen und langte ordentlich zu. Eines »meiner« Schweine habe ich aber nicht probiert. Da war ich stur.

Mit der Zeit wurde ich immer geübter, die zwei alten, klapprigen Traktoren zu fahren. Ich stapelte fleißig »round bales« (Rundballen), die an die 300 Kilo wogen, vom trailer, der die Heuballen von den Feldern der Ranch geladen hatte, in die geschützte Scheune. Das klappte ganz gut.

Als Anne und Paul für mehrere Tage Familie und Freunde besuchten, überließen sie mir alleine die Verantwortung für Haus, Hof und alle Tiere – und für die Kunden, die Heu, Eier und Fleisch kauften. Gleichzeitig durfte ich dafür sorgen, dass das Feuer im großen Holzofen im Keller nicht ausging, denn nun war es schon richtig kalt, wir hatten bereits den ersten Schnee.

Mein erster Tag alleine war gleich ein volles Erlebnis. Als ich morgens die Tür meines Zimmers öffnen wollte, war sie kein bisschen zu bewegen oder gar aufzubekommen. Nach anfänglicher Panik sah ich doch einen Weg, mir eine Fluchtmöglichkeit zu verschaffen. Da ich ja im Untergeschoss wohnte, konnte ich zum Glück jene der beiden Fensterscheiben, die noch nicht fest angefroren war, zur Seite schieben. Mit Hilfe eines Stuhls stieg ich durch das halb geöffnete Fenster. Nur mit dem nötigsten bekleidet und mit Flip-Flops an den Füßen lief ich im Schnee ums Haus herum, um von der Haustür ins Innere zu gelangen. Ein Problem, die Tür zu öffnen, hatte ich nicht, denn in Kanada wird (auf dem Land) kein Haus je abgeschlossen. Das war mein Glück. Meine Tür konnte ich dann im Laufe des Tages mit einem Schraubenzieher öffnen. Von da an ließ ich sie immer angelehnt.

Auch wenn die Menschen in Urlaub gingen, wurden die Türen nicht unbedingt abgeschlossen. Die Kunden von Anne und Paul ließen das Geld für das Heu auf ihrem Küchentisch liegen und riefen Paul vor dem Urlaub noch an, er könne sich das geschuldete Geld gerne vom Küchentisch nehmen, wenn er in der Gegend sei. Ansonsten war es aber üblich, neben der Cash-Zahlung Schecks auszustellen. Dies galt auch für Lohn und Gehalt.

Ich genoss es, wieder mal alleine zu sein, auch wenn jetzt die ganze Verantwortung auf meinen Schultern lag. Gerne unternahm ich ausgedehnte Spaziergänge mit meinen drei Hunden. Blithe, der schwarz-weiße Border Collie, lief und sprang als Anführer der Gruppe. Er war alt und taub, doch wenn er merkte, dass wir auf einen Walk gingen, rannte er wie ein Welpe oder zumindest wie ein junger Hund. Immer wieder drehte er sich um, lief zu mir zurück, um begeistert wieder loszurennen. Durch Handzeichen und Schwenken meiner Arme konnte ich ihn problemlos lenken. Blithe war immer brav, zuverlässig und vernünftig.

Im »Mittelfeld« lief ich mit Jack, dem blonden Great Pioneer. Diese Rasse kommt aus Frankreich und wird zum Schutz der Schafherden gegen Kojoten und Wölfe eingesetzt. Jack fiel etwas aus der Rolle, denn für seinen »Beruf« als Beschützer war er einfach zu nett. Auch auf der

Ranch war er so nett, dass Rehe und anderes Wild sich an den Knospen und Blättern der umstehenden Bäume laben konnten. Ihm machte das nichts aus. Er ließ sie gewähren. Bei Kojoten jedoch war Jack immer der Erste, der Alarm schlug, um nach einem kurzen Sprint seinerseits den anderen beiden Hunden das Feld zu überlassen. Bei Wölfen im Gehöft stimmte er nachts selbst Wolfgeheul an. Jack war immer dankbar, wenn ich ihn streichelte. Da konnte es sogar passieren, dass er sich einfach vor mich hinwarf und alle Viere in die Höhe streckte. Manchmal stupste er mich auch mit seiner Schnauze an, um mir zu sagen, dass ich nicht nur herumstehen und mich mit Leuten zu unterhalten hatte, sondern ihn durchaus nebenbei auch knuddeln könnte, um wenigstens etwas Sinnvolles zu tun.

Das Schlusslicht bildete Tipsy, die Hundedame, die schon sehr alt war, jedoch immer mitlief und sich freute. Sie hatte von allen drei Hunden die stärkste und tiefste Stimme. Ihr Bellen war sehr beeindruckend und – hätte ich sie nicht gekannt – auch furchterregend. Auch sie brauchte sehr viel Aufmerksamkeit, sie war halt »ein Mädchen«. Manchmal kam das erste Stück auf unserem walk auch noch Kater Joe mit. Das war nicht nur ein Kater, nein, er war ein echter Charakter und deswegen nicht nur einfach »Joe«, sondern eben »Kater Joe«. Immer wieder musste ich über ihn lachen, besonders wenn er einen seiner »Sprints« hinlegte oder mit Jack zu schmusen anfing. Nach dem Spaziergang entspannten wir fünf Freunde uns zusammen auf dem alten Sofa vor der Hütte »Cowboy's Paradise« und genossen die letzten Sonnenstrahlen des Tages.

Wenn ich alleine war und Kundschaft hatte, war ich immer besonders froh, alle drei Hunde um mich zu haben. Das Alleinsein genoss ich richtig, ich kümmerte mich intensiver um die Tiere – doch mit dem Gemüse sprach ich noch nicht.

Als Anne und Paul dann wieder daheim waren, lieferten wir wieder Heu aus, es gab wieder leckere und auch ausgefallene Sachen zum Essen. Oft gab es Fleisch vom geschossenen Wild, leckere Rohkostsalate und eigene Kartoffeln in vielen Variationen. An einem Abend probierte ich geräucherte Austern und eingelegte Weinbergschnecken mit Kräuterbutter. Lecker! Nie hätte ich das zuvor gegessen und niemals daran gedacht, es zu tun, doch es war was dran: Es schmeckte.

Die Tage waren gefüllt mit den unterschiedlichsten Arbeiten. Mit Arbeiten, die schon Routine für mich waren, aber täglich auch mit neuen Jobs, in die ich mehr und mehr hineinwuchs. Eigentlich hätte ich höchstens sechs Stunden arbeiten müssen, doch es machte mir Spaß, und ich wollte mithelfen, denn es gab so viel zu tun. So arbeitete ich wie besessen und oft, wie mir bestätigt wurde, für zwei WWOOFer. Im Austausch bekam ich die leckersten und abwechslungsreichsten Gerichte und wurde »member of the family« (Familienmitglied). Manchmal gingen wir zusammen essen, besuchten Ausstellungen oder waren bei Nachbarn zu Besuch. Nie hatte ich etwas zu bezahlen oder mitzubringen. Sogar der Haarschnitt beim Familienfrisör wurde mir spendiert. Zu jeder Zeit waren nicht nur die Gefrierschränke, sondern auch der Kühlschrank proppenvoll, ich durfte mich auch zwischen den Mahlzeiten immer bedienen. Die Tage voller Arbeit waren anstrengend, aber es lohnte sich, tatkräftig mit anzupacken. Die Abende verbrachten wir oft gemütlich am Küchentisch sitzend, über verschiedene Spiele gebeugt.

Die Landschaft bot seit einiger Zeit einen veränderten Anblick, überall lag Puderschnee. Alles sah so friedlich aus. Die kühleren Temperaturen machten sich auch am Getriebe der alten klapprigen Maschinen bemerkbar. Es wurde immer schwerer, sie zu starten, dann wurden sie »eingepluggt« (eingesteckt). Die Sitze waren kalt. Alles war kalt und dem Wind und Wetter ausgesetzt. Paul beschwerte sich, dass das Leben in Kanada gerade im Winter mit so viel Aufwand verbunden sei. Ich klärte ihn auf, wozu Garagen oder Unterstellmöglichkeiten gut wären – sie würden den Maschinen Schutz bieten, die dadurch auch länger funktionstüchtig wären. Ich konnte nie verstehen, dass es zwar etliche Hütten und Schuppen für allerlei Krimskrams gab, aber keine Unterstellmöglichkeiten für Maschinen und Fahrzeuge.

An einem Abend lud mich Paul ein, mit ihm bei Vollmond eine Tour auf dem Schneemobil zu fahren. Wie immer war die Fahrt mit ihm rasant, aber schön. Erst fuhren wir die schneebedeckten Kieswege entlang, dann wichen wir auf die Felder aus. Mit Karacho fuhr er einen Hügel hinauf, mit Schreien von mir in den Ohren. Am Ende fielen wir zusammen mit dem Schneemobil um. Er zu mir: »You are such a chicken.« (Du bist so ein Hühnchen.) Und ich zu ihm: »And you are a rooster!« (Und du bist ein Hahn!) Kurz darauf wurde ich wieder als cheeky bezeichnet. Ja, was denn nun? Wir rappelten uns auf, und weiter ging die Fahrt, über Stock und schneebedeckte Steine, durchs Dickicht, an der »cabin on the lake« (Hütte am See) vorbei, Richtung See. Paul drehte sich bei voller Fahrt um und schrie: »Can you swim?« (Kannst du schwimmen?) Ich schrie zurück: »Yes!« Das war ein Fehler, denn er steuerte zielsicher auf den zugefrorenen See zu. Da schrie ich, was meine Lungen hergaben! Als wir nach der sehr holprigen und zugleich vergnüglichen Fahrt wieder auf der Farm angekommen waren, beschwerte er sich, dass er jetzt wegen meinem Geschreie Tinnitus habe. Dies habe er doch vorher schon gehabt, gab ich zurück.

Laut ihm war ich bei allem Neuen immer ein »chicken« (Hühnchen), dann aber täte ich immer »very well« (machte meine Sache gut). Das veranlasste mich zu fragen, ob ich jetzt den Status einer »hen« (Henne) habe. Wieder mal lachte er. Was dies wohl bedeutete? Einmal machte mir Paul ein Kompliment: »We are glad to have you here, sometimes.« (Manchmal sind wir froh, dass du da bist.) Das war so typisch für ihn, dieses »sometimes«. Ich freute mich.

Am nächsten Tag holten wir, das heißt ich, den »cat« (Bulldozer) ab, der an die Nachbarn ausgeliehen war. Paul hatte im Dorf etwas zu erledigen, so lag es an mir, das quadratische Ding zurück auf die Farm zu fahren. Nach einigen Erklärungen und der Warnung, nicht im vierten Gang zu fahren, da das viel zu schnell und gefährlich sei, fuhr ich auf dem schmalen Pfad neben der Straße. Man hat allerhand zu tun und zu beachten, um dieses Riesenteil zu steuern – ohne Lenkrad, nur mit Hebeln und Pedalen. Mir machte es Spaß, manchmal erschrak ich aber und fürchtete, in dem Ding umzukippen. Unter Getöse fuhr ich weiter, an Einfahrten und großen Felsbrocken vorbei. Bei der Stromleitung jedoch machte ich kurz Halt, um den geeigneten Weg zu erspähen. Davor hatte mich Paul nicht gewarnt. Doch alles ging gut, die Fahrt war der Hammer. Ich war im

Geschwindigkeitsrausch und fuhr dann auch im vierten Gang. Die Warnung von Paul hatte ich nicht mit Absicht in den Wind geschlagen – ich hatte sie vergessen. Auf dem Hof angekommen stellte ich das Ungetüm an geeigneter Stelle ab und stieg voller Stolz über die Ketten nach unten.

Abends kamen die Nachbarn zu Cocktails und Dinner vorbei. Als das Gespräch auf den Bulldozer kam, stellte sich heraus, dass sie gedacht hatten, Paul habe das Ding so schnell gefahren. Stolz erzählte ich, dass ich das gewesen sei – und auch, dass im vierten Gang unterwegs gewesen sei. Das brachte mir eine Rüge von Paul ein, der nun den Kopf schüttelte. Ich sagte, ich hätte es wirklich vergessen, da lachte er. Die Nachbarin war mir dankbar, dass ich die Stromleitung nicht »gekappt« hatte. Bitteschön!

Ich genoss es immer, in der Morgensonne mit den Traktoren Schnee zu räumen. Schließlich mistete ich den Schweinestall aus und bläute Rosie, der Sau mit der Extra-Rippe, ein, sie solle keine Sauerei mehr machen und sich nicht wie ein Schwein benehmen. Inzwischen waren alle kleinen Ferkel, nachdem Anne sie mit Skalpell kastriert hatte, verkauft.

Am ersten Adventssonntag hatten wir um die Mittagszeit einen Stromausfall, der bis in den späten Abend andauern sollte. Bevor es dämmrig wurde, wurden Kerzen aufgestellt. Wir saßen nach dem Abendessen um den Küchentisch – im Kerzenlicht, das nicht nur dem ersten Advent galt –, spielten Scrabble und hörten Nachrichten aus einem Transistorradio. Ich kam mir vor wie in Kriegszeiten. Wenn dies in Deutschland passieren würde, wären die Menschen nach fünf Minuten auf der Straße und würden demonstrieren, war mein Kommentar zum Stromausfall. Als Reaktion wurde ich ungläubig angestarrt. Dazu muss man wissen, dass in Kanada jeder mit Stromausfall rechnen und sich ohne Elektrizität und fließend Wasser bis zu 72 Stunden selbst versorgen können muss. Deswegen heißt es, für den Fall der Fälle gerüstet zu sein: mit abgefülltem Trinkwasser in reichlicher Menge, mit Konservendosen an Essen und mit genügend Kerzen!

Eine Woche später schoss Paul auf seinem Grundstück einen Elkbullen. Was für ein Spektakel! Er schnitt den Kopf ab und nahm ihn aus, nicht ohne vorher die zwei Elfenbeinzähne im Unterkiefer zu entnehmen.

Mit dem Traktor holte er das Tier dann. Das Fell sah aus wie von einem Braunbären, so dicht war es. Die Hunde freuten sich über die abgeschnittenen Beine. Diesmal half ich tatkräftig mit, das Fell abzuziehen. Riesige Fleischstücke baumelten an der Vorrichtung des Traktors zum Abhängen.

Zur gleichen Zeit trafen auch die Enten- und Roosterbrüste ein, Paul hatte die Tiere in einer Metzgerei einige hundert Kilometer entfernt schlachten lassen. Auf Holzböcken mit zwei Brettern drauf hatten wir nun eine wunderbare »duck and rooster collection« (Enten- und Hahnausstellung). Der provisorische Tisch bog sich unter der Masse an Ladung. Ich verbiss mir, den restlichen lebenden Enten und Hühnern gegenüber auch nur zu erwähnen, dass ihre Familienmitglieder tot in der Werkstatt »aufgebahrt« waren, das wäre dann doch zu makaber gewesen.

Die vier schweren Teile des geschossenen Elkbullen vom Traktor an die Vorrichtung in der Werkstatt zu hängen, gestaltete sich nicht gerade einfach. Zwei Personen sägten, säbelten und schnitten aus den riesigen Teilen Fleischstücke für alle Arten von Gerichten, die man sich nur vorstellen kann. Anne bereitete die Fleischstücke vor, ich schnitt kleinere Stücke für Gulasch und Hackfleisch und Hundefutter und verpackte und beschriftete alles für die Gefriertruhen. Es wurde ein 13-Stunden-Tag für mich. Als ich abends das Fleisch durch den Fleischwolf ließ für Hackfleisch und Hundefutter, trank ich dazu zwei selbstgemachte »eggnoggs« (eine Art Eierlikör) und »noggte« mich so schließlich selbst aus. Todmüde fiel ich ins Bett.

Weihnachten kam in Riesenschritten auf uns zu. Ich durfte den Christbaum auf dem eigenen Grundstück aussuchen und dekorieren. Der Heiligabend wird in Kanada nicht gefeiert. Wir aßen dennoch sehr festlich, es gab Ente. Und da die Ente eine »meiner« Enten gewesen war, nannte ich diesen Heiligabend »the funeral of the duck« (die Beerdigung der Ente). Erst am ersten Weihnachtsfeiertag ist für die Kanadier mit dem »Christmas Day« Weihnachten. Es wird gebruncht, dann werden die Geschenke ausgepackt. Üblich ist es, sogenannte »Holiday Cards« (Weihnachtsgrußkarten) zu verschicken und zu erhalten. Ein Geschenk ist für die Erwachsenen weniger wichtig als eine solche Karte zu bekommen. Inzwischen wünscht man einander »Happy Holidays« (Glückliche Feiertage) statt »Merry Christmas« (Frohe Weihnachten) – so tritt man denjenigen nicht auf die Füße, die aus religiösen Gründen kein Weihnachtsfest feiern.

Vor dem eigentlichen Hauptgeschenk gibt es, im Nikolausstiefel überreicht, viele kleine Spaßgeschenke. Nachmittags erwarteten Anne und Paul Besuch von Lukas, den Paul mit den Worten »Lukas, since when do you have breasts?« (Lukas, seit wann hast du Brüste?) begrüßte. Die ausgebeulten Stellen an seiner Weste über der Brust sahen aber auch aus wie echte Brüste.

Am zweiten Weihnachtsfeiertag ist »Boxing Day«, den man mit Freunden, Bekannten und Nachbarn bei Essen, Spielen und Wintersport verbringt. Anne und Paul hatten alle möglichen Leute an den See eingeladen. Wir spielten Bowling mit Milchkanistern, die wir mit Wasser gefüllt hatten, das nun gefroren war. Neben dem Lagerfeuer hatten wir eine Kochstelle für Glühwein und Eintopf. Es war ein prächtiges Lagerfeuer, ein Baum war eigens dafür gefällt worden. Zu Beginn des Feuermachens wurde eine ordentliche Ladung Benzin dazu gekippt. Da fackelten die Kanadier nicht lange, denn schließlich sollte es ein richtiges Feuer geben. Paul freute sich wie ein Schneekönig und rieb sich die Hände. Er schmiss, um mich »auf die Palme zu bringen«, noch extra Plastikgeschirr dazu. Wie er meinte, würden die Gase hoch in die Luft steigen und in Deutschland als saurer Regen wieder auf die Erde fallen. Bei so viel Unkenntnis schüttelte ich, wie schon manches Mal, nur den Kopf.

Schon oft hatte ich mit ihm Diskussionen über Altöl, Schrottautos und brennenden Müll geführt. Immer noch war er stolz auf sein »Museum«. Denn schließlich betrieb er Recycling, indem er keine neuen Sachen kaufte, sondern oft nach Jahren einfach ein Teil, das er brauchte, aus einem seiner alten Wracks holte – vorausgesetzt er erinnerte sich daran, dass genau das Teil vorhanden war. Dann war es meist irgendwo, aber nicht dort, wo er suchte. Auch das Thema Bäumeabholzen sprach ich nicht mehr an. Denn, so versicherte ich ihm, auch die Kanadier würden in naher Zukunft mal keinen Wald mehr haben, wenn sie so weitermachten wie bisher: Alles wurde verbrannt und landete bereits als »saurer Regen in Europa«.

Nahezu jeder will sich gut und gesund ernähren, aber anscheinend sind sich manche Kanadier immer noch nicht der Tragweite eines allumfassenden Umweltschutzes bewusst. Das ärgerte mich. Müll nahezu aller Art wurde fast ausschließlich verbrannt. Lediglich der Hausmüll wurde, um keine Ratten oder Bären und Kojoten anzuziehen, auf der Veranda gesammelt und in unregelmäßigen Abständen zu etwa 30 km entfernten riesigen Müllcontainern gefahren. Die Kanadier haben viel Platz, sie haben sehr viel Wald, und mit diesem Land verbindet man Natur pur. Doch viele von ihnen gehen nicht schonend genug mit ihr um, im Gegenteil. Ich gewann oft den Eindruck, gerade weil sie so viel Natur haben, wissen sie diese nicht zu schätzen und schützen sie auch nicht.

Silvester wird nicht mit Feuerwerk gefeiert. Ich sagte, da bereits während des Jahres so viele Tiere geschossen würden, müsse man an Silvester in Kanada nicht auch noch herumfeuern. Meine Silvesterfeier verlief sehr unspektakulär: Ich war so müde, dass ich den Silvesterabend verbrachte, wie ich ihn noch nie verbracht hatte – im Bett.

Im neuen Jahr startete ich wieder voll durch und kochte mehrere Tage hintereinander insgesamt das 18-fache (!) Rezept für Orangenmarmelade, ganz so, wie es mir von Anne aufgetragen worden war. Am Abend saßen wir wieder mal zusammen, um ein Spiel zu spielen. Paul sagte: »You can give out.« (Du kannst die Steine legen.) Ich antwortete: »No, I have wet hair.« (Nein, ich habe nasses Haar.) Ich hatte verstanden, dass ich »ausgehen« könne, deswegen meine Antwort. Wir schüttelten uns aus vor Lachen.

Anfang Januar kam die nächste Herausforderung auf mich zu: Anne und Paul brachen zu einem siebenwöchigen Urlaub nach Mexiko auf. Natürlich machte ich Haus- und Tiersitting. Aber selbstverständlich.

Lange vorher schon hatte Lukas, der Bekannte von Anne, versprochen, sich während ihrer Abwesenheit um mich zu kümmern. Er stammte ursprünglich aus Deutschland und lebte schon seit 25 Jahren in Kanada. Als Anne und Paul in Urlaub waren, fuhr ich mit dem Farmtruck zu unserem ausgemachten Treffpunkt. Hier wartete Lukas schon seit einer geschlagenen Viertelstunde in seinem klapprigen Auto auf mich. Er hatte mich zu sich in sein kleines altes Häuschen zum Mittagessen eingeladen. Er lebte mit zwei Hunden und vielen Katzen, die alle ihren separaten Teil im Haus hatten und um die sich keiner sonst kümmerte. Lukas kochte für mich Rindsrouladen mit Bierspätzle – ja, Lukas stammte aus dem Schwabenland. Alles schmeckte ganz wunderbar, einen Großteil gab er mir sogar mit. Wir führten eine interessante Unterhaltung, es wurde ein kurzweiliger Nachmittag.

Abends hatte ich zwei Nachrichten von besorgten Nachbarn auf dem Anrufbeantworter. Sie hatten den Farmtruck am Ende der geschotterten Straße stehen sehen und sich Sorgen gemacht. Im Lauf der Zeit boten mir alle Nachbarn ihre Hilfe an, riefen an, ob ich Unterstützung brauche oder ob ich auf Besuch zu Kaffee und Kuchen oder zum Abendessen kommen wolle. Alle waren sehr lieb, und ich konnte mich auf sie verlassen und bei Problemchen und Problemen anrufen.

Wegen der großen Kälte gingen die Maschinen noch langsamer, deswegen waren sie nun immer an Strom angeschlossen. Es wurde schließlich so kalt (minus 47 Grad Celsius), dass schon kurze Aufenthalte im Freien sehr unangenehm wurden. Ich durfte nie vergessen, immer wieder ins Haus zu gehen und mich aufzuwärmen. Selbst und gerade beim Schneewegräumen. Ebenso durfte ich das Feuer im Keller niemals ausgehen lassen. Manche Balkontüren im Haus waren mit Kartons oder Matratzen verkleidet. Das Gefühl einfrierender Nasenhärchen kannte ich schon, dass aber die Augenbrauen und Augenwimpern einfrieren, war mir neu. Nicht gerade ein angenehmes Gefühl. Es ging, aber es war eben alles noch langsamer und noch beschwerlicher. Auch drei bis vier Lagen an Kleidung anzuziehen, um sich gegen die Kälte zu schützen, kostete Zeit.

Einmal fuhr ich zum Abfahrtsskifahren an den nahegelegenen Mount McTimothy. Ich lieh mir dort eine komplette Ausrüstung und genoss die verschiedenartigen tollen Talfahrten im pudrigen Schnee, den wir so in Deutschland nicht kennen. So habe ich mir einen weiteren Traum erfüllt.

Im Farmalltag fand ich meinen eigenen Tagesrhythmus und meine

Routine, die sich selbstverständlich immer nach den Bedürfnissen der Tiere – und nach dem Gang des Feuers – ausrichtete. Davor, dazwischen und danach gab es genügend Unterbrechungen der Routine: Es kamen Kunden für Heu, Fleisch und Eier vorbei. Ein Neukunde kam zuverlässig jede Woche, er kaufte jedes Mal neun »square bales« (quadratische Heuballen), stets hatte er das Geld passend mit sich. Gerne unterhielt ich mich mit ihm. Oft bereitete ich seine Ladung Heuballen schon vor, so dass es sich später leichter und schneller verladen ließ. Er freute sich, dass ich so gut organisiert sei und sagte, er hoffe, dass mir sein Land gefalle und ich eines Tages Kanadierin werden und in seinem Land, das er so liebe, leben würde.

Wieder schneite es, und ich machte mich auf, die Zufahrt zur Farm und den Platz vor der Riesenscheune vom Schnee zu befreien sowie täglich benutzte Wege und Pfade zu räumen. Als bei den Kühen auf der Weide das Wasser einfror, half mir ein Nachbar bei der Reparatur. Ja, die Kühe wie auch die Pferde waren auch in dieser Kälte die ganze Zeit auf der Weide, ohne Unterstand und ohne zusätzliches Kraftfutter. Sie hatten harte Zeiten zu bestreiten. Lediglich ein Salzleckstein stand als »Extra« zur Verfügung.

Bei den Pferden stellte ich bei einem täglichen Kontrollgang fest, dass eine Stute im Brustbereich verletzt war und stark geblutet hatte. Das Blut war schon gestockt, dank der großen Kälte war es zu keiner Infektion gekommen. Bevor ich den Tierarzt rief, griff ich zum Telefonhörer und rief den Nachbarn an, der ein jahrzehntelanger Freund von Paul war und selber Pferde hatte. Nachdem ich ihm die Verletzung beschrieben hatte, fragte er mich, welches Pferd es genau sei. Da es kein teures Pferd war, entschied er, nicht den Tierarzt anzurufen, sondern er komme gleich vorbei, um sich einen Überblick zu verschaffen. Als er da war, desinfizierte er die Wunde und schnitt das blutverklebte Fell drum herum ab. Es war eine üble Schnittwunde, die sich das Pferd wohl durch den Drahtzaun, der um die Weide verlief, zugezogen hatte. Ich wurde beauftragt, die Wunde zu beobachten und mit einer speziellen Salbe aus der »Tierarzttasche« meiner hosts zu behandeln. Oh weh, ich konnte kein Blut sehen, und dann musste ich notgedrungen Tierarztassistentin spielen. Um diesen Job kam ich nicht herum.

Ein andermal glaubte ich meinen Augen nicht zu trauen. Vor der Werkstatt stand auf rutschigem Beton: Rosie, die Riesensau! Mit großen Augen und weit geöffnetem Mund starrte ich sie an. Wie hatte diese Sau aus ihrem Stall flüchten können, nachdem der noch vor kurzem ausbruchsicher gemacht worden war? Gut, rechts unten war eine winzig kleine Schwachstelle, doch dass die Sau sich dort hatte durchquetschen können, war fast unmöglich. Aber eben nur fast.

Als sie mich erblickte, wollte sie schon wieder weiterlaufen. Dabei rutschte sie auf dem feuchten Betonboden aus, rappelte sich kurz darauf aber wieder auf. Ich ließ sie dann alleine in der Hoffnung, dass sie sich selbst aus dieser gefährlichen Situation würde befreien können, ohne ein Bein zu brechen. Denn ich wollte nicht noch Rosie, weil notgeschlachtet, an den »hooks«, an denen zuvor etliche erlegte Wildtiere gehangen hatten, hängen sehen. Schließlich gelang es mir, sie mit Futter in ihren Stall zu locken. Dabei stellte ich fest, dass es eben nur »fast« unmöglich gewesen war, bei der einen Schwachstelle auszubrechen. Wieder wurde mir bewusst, wie intelligent diese Tiere doch sind und über welche Kräfte sie verfügen. Die Schwachstelle ließ ich kurz darauf durch einen Nachbarn »fixen« (reparieren).

Die Hühner legten weiter fleißig Eier – entgegen aller Behauptungen, sie würden wohl das Eierlegen einstellen oder reduzieren. So konnte ich annähernd jeden Tag an die zwei Dutzend Eier einsammeln, die sich im Vorratsraum des Kellers nur so stapelten.

Nie durfte ich vergessen, an der Außenwand der Küche genügend Schnee als Isolierung zu schaufeln. Doch eines Tages half auch dies nichts mehr – das Wasser gefror ein. Ich nahm es hin und spülte ein paar Tage nicht. Als das Geschirr knapp wurde, ging ich dazu über, im Waschbecken des Badezimmers zu spülen, wo die Wasserleitungen zum Glück nicht eingefroren waren – das wäre weitaus schlimmer gewesen. Mit einem Föhn, den ich an die Wasserleitung unter der Spüle hielt, brachte ich das Wasser schließlich wieder zum Fließen.

Selbstverständlich waren Anne und Paul ab und an per E-Mail zu erreichen. Doch ich wollte sie nicht mit kleinen Problemen dieser Art belasten und managte alles alleine oder mit Rat und/oder Hilfe von Nachbarn und Bekannten. Mehrere Male lud ich Lukas zum Mittagessen oder zu Kaffee und Kuchen ein. Seine Frau war vor einem Jahr verstorben, er brauchte jemand, der sich um ihn kümmerte.

Einmal besuchte ich einen Nachbarn, der fünf Kilometer weiter alleine und ohne Strom in der Wildnis lebte. Mit dem Quad fuhr ich zu seinem einsamen und einfachen Zuhause. Wir tranken zusammen Kaffee und aßen meinen mitgebrachten, selbstgebackenen Apfelkuchen. Er freute sich offensichtlich über Gesellschaft. Er war dabei, Wald um sein neu erbautes Blockhaus zu roden. Wann immer er Zeit hatte, widmete er sich seiner großen Leidenschaft, dem Schnitzen kunstvoller Tiere aus unterschiedlichsten Holzarten. Seine Werke sahen toll aus, er hatte echtes Talent dafür. Zusammen mit einem Kakadu lebten mit ihm noch zwei kleine Hunde, Ernie und Bert. Zum Jagen, so erzählte er mir, reise er gerne in andere Gefilde, denn schließlich wolle er wilde Tiere um sein Zuhause beobachten und nicht töten. Ich bestaunte ein riesiges Bärenfell, das eine ganze Seite des Hauses einnahm. Bevor es dunkel wurde, brach ich auf.

Ich war froh, als Anne und Paul im Februar wieder anreisten und ich meine Verantwortung wieder in ihre Hände geben konnte. Das war durchaus erleichternd. Dass WWOOFer house sitting machen und Farmvertretung spielen (müssen), ist in Kanada allgemein üblich. Manchmal wird das vorher schon über das Profil der hosts kommuniziert oder es wird im Mailverkehr erwähnt. Beides war bei mir nicht der Fall gewesen, obwohl es bei Anne und Paul durchaus üblich war, dass sie um diese Jahreszeit auf einen längeren Urlaub gingen und einen verantwortungsbewussten WWOOFer brauchten. Wie auch immer – ich war stolz auf mich, alles gemanagt zu haben.

So viel hatte ich erlebt, alle möglichen Fahrzeuge war ich gefahren, die unterschiedlichsten Gerichte hatte ich gekostet, viel gelacht, gute Gesellschaft gehabt, die Ruhe genossen und Freundschaften geschlossen mit den Nachbarn und den Tieren. Kaum vorstellbar, dass das Leben anders verlaufen sollte als die letzten vier Monate. Doch der Abschied rückte näher. Mein Lieblingskunde verabschiedete sich von mir, nicht ohne mir noch ein Trinkgeld zu geben. Ich solle in Montreal einen Toast auf ihn trinken. Es blieben noch einige Tage, um eine Art Übergabe zu machen, bevor ich von Kamloops über Calgary nach Ottawa fliegen würde. Ich verabschiedete mich von sämtlichen Nachbarn und Tieren. Der Abschied fiel niemandem leicht, das Zuhause meiner hosts war auch mein Zuhause geworden. Wir überreichten uns vor meinem Aufbruch Abschiedsgeschenke und brachen an der Busstation in Tränen aus.

12 Bei der Ziegenfarmerin

Ottawa (Ontario), WWOOFing 6: 14.02.–11.03.2012

Auf meinem Flug von Kamloops nach Calgary am frühen Morgen freute ich mich über gutes Wetter. Die Aussicht war grandios und ich konnte sehen, wie Kamloops in die Berge eingebettet ist. Viele Seen, Berge und Täler waren zu bestaunen, und dann die Kette der Rocky Mountains von oben. In Calgary wechselte ich den Flieger. Die Landschaft, die nun folgte, bot sehr viel weniger Reiz. Die Sicht wurde schlecht, und als wir schließlich Ottawa erreichten, war es nur noch neblig.

Der Flug hatte lange gedauert, und wieder einmal war mir bewusst geworden, wie riesengroß Kanada ist – manchmal zu groß, wie ich fand. Die Größe des Landes bedeutet nicht nur, mehr Platz zu haben für sich selbst, die Wohnräume, die Tiere und einen Riesengarten. Es bedeutet auch lange Fahrten zur Arbeit, zum Arzt, ins Krankenhaus und dergleichen in Kauf nehmen zu müssen. Weite Strecken sind zurückzulegen, um Familienmitglieder und Freunde zu besuchen. Dabei ist es normal, einen Tag oder mehr zu fahren. Und üblich, sich einen house sitter zu suchen – jemanden, der aufs Haus aufpasst und die Tiere versorgt –, in Gestalt eines Nachbarn oder eines WWOOFers. Sehr stressfrei ist hingegen das Fahren auf Kanadas Straßen. Es herrscht wenig Betrieb, und das bedeutet eine gemütliche, entspannte Fahrt. Wie dem auch sei – ich war froh, nach dem langen Flug endlich im Osten Kanadas angekommen zu sein.

Nach einstündiger Fahrt mit meiner neuen host, Mary, die sehr nett zu sein schien, kamen wir in der Wildnis an. Es war schon dunkel, doch sie wollte mir unbedingt noch ihre Ziegen und somit meine zukünftigen Schützlinge zeigen. Etwa 40 Augenpaare starrten mich im spärlichen

Lichtschein an. Der Hofhund war außer Rand und Band vor Freude und legte mir die Pfote auf die Schulter – er war nicht so klein, dass ich ihn hätte auf den Arm nehmen können. Abend gegessen hatten wir schon, in einem Schnellimbiss mit Internetempfang. Das sollte bei Fahrten zum Einkaufszentrum oder in die Stadt wichtig werden, denn bei Mary gab es keinen Internetzugang. Froh war ich dann doch, in mein Zimmer zu kommen, mich dort einzufinden und bald schlafen zu können. Alles andere konnte bis morgen warten.

Der nächste Morgen war natürlich mit vielen Erklärungen verbunden. Noch nie hatte ich mit Ziegen gearbeitet, umso gespannter hörte ich Mary zu. Außer den 40 weiblichen Ziegen, die in einem Stall am Rande des Grundstücks untergebracht waren, gab es sechs Ziegenböcke in einem separaten Stall sowie etwa 15 Hühner und zehn Fleischenten, deren beißender Geruch mir sofort wieder unangenehm war. Außerdem lebten auf der Farm drei Katzen und Misty, der Hofhund.

Als wenn das nicht schon genug an Arbeit gewesen wäre, gab es in dem alten Haus noch mehr zu tun. Gelinde gesagt sah es hier aus, als hätte eine Bombe eingeschlagen. Ich verkniff mir einen Kommentar, wusste ich doch, dass Mary im privaten Bereich und mit ihrer Farm gerade schwere Zeiten durchlebte. So putzte ich am ersten Nachmittag die Bereiche, die mich am meisten betrafen und die ich täglich durchqueren musste. Meine geforderte Arbeitszeit hätte sechs Stunden täglich an sechs Tagen die Woche betragen. Um Mary zu unterstützen, die gerade in Scheidung lebte und eine schwere Zeit durchmachte, sollten meine Tage jedoch oft länger dauern.

Später am Nachmittag machten wir mit den Ziegen einen Spaziergang durch die schneeverschneite Landschaft. Weit kamen wir nicht, da die Ziegen bei allem nur Fressbaren, wie kleinen Sträuchern und Tannenbäumen, Halt machten, um dem frischen Grün den Garaus zu machen. Wir plapperten, es gab mitgebrachten Kaffee und Karottenkuchen. Ein bisschen fühlte ich mich wie Heidi, aber der Ziegenpeter fehlte immer noch, der »Australier in Kanada« sozusagen.

Begeistert war ich von dem Seifenpavillon neben dem Ziegenstall. Ich freute mich schon darauf, bei der Seifenherstellung mithelfen zu können. Dazu kam es schon am nächsten Tag. Fasziniert schaute ich zu, wie Mary mit vielen Zutaten, Behältern, Werkzeugen und der Lauge hantierte. Die Herstellung der Seifen ist ein langwieriger Prozess und eine hohe Kunst, die einiges an Geduld und Erfahrung abverlangt. Wichtig ist es, dass man geduldig ist, Zeit mitbringt, gute Zutaten hat und die richtigen Temperaturen abwartet. Das »Vortrocknen« der Seife dauert einen Tag, danach wird die Seife für mehrere Wochen zum Trocknen ausgelegt. Die Seifen müssen vor dem Verkauf gewogen, verpackt und beschriftet werden. Die Seifenherstellung bedeutet also viel Arbeit und erfordert viel Wissen. Umso interessanter war es für mich, hier Einblicke erhalten zu können.

Am ersten Wochenende fuhren wir zu einer befreundeten Familie von Mary. Die Familie war sehr nett, wir tranken Kaffee, und die etwa zehnjährige Tochter führte mich stolz über den Hof, um mir die Tiere und die vielen neugeborenen Tiere zu zeigen. Munter plapperte sie und erzählte ohne Unterlass und mit Hocheifer, wann welches Lämmchen geboren sei. Ich sah ein paar Pferde, einen Esel, viele, viele Schafe, hochschwanger oder Mutterschafe mit ihren Kleinen. Die Schafe wollte und konnte ich nicht alle zählen – vielleicht wäre ich dabei gar eingeschlafen? Sie liefen auf dem unübersichtlichen Gelände mit Heu und Ställen frei umher, dazwischen tauchten zwei Lamas auf. Diese würden die Herde vor Kojoten schützen, erklärte mir das Mädchen. Zurück im Haus stand schon alles bereit für ein gemeinsames Abendessen, bei dem ich als Tischnachbarin natürlich die Tochter hatte. Es war ein interessanter und gemütlicher Abend. Ich kam mir sofort willkommen vor, wie bei Freunden, die man schon jahrelang kennt.

Beim Geburtstag von Mary durfte ich dann mit zu ihren Eltern, wo es ein gemeinsames Mittagessen gab. Hierbei erfuhr ich, dass sie während 16 Jahren »trucks« (Lastwagen) innerhalb ganz Kanada und der USA gefahren hatte. Anschließend wollte das Geburtstagskind in ein Café mit Internetzugang.

Nun fing aber der Ernst des WWOOFer-Alltags auch hier an. Mindestens vier Ziegenställe waren auszumisten, das war schwere körperliche und schweißtreibende Arbeit. Abends relaxte ich beim Anschauen einer kalifornischen Sitcom, die mich immer wieder auflachen ließ und die ich, wenn ich die Möglichkeit habe, gerne wieder schaue. Vergessen waren dann die schweren Ladungen an Ziegenmist. Meine nette host ordnete nach einem Mal Stallmisten auch immer ein paar Tage Ruhe an. Dann machten wir zusammen Seife oder dekorierten Seifenkuchen, und ich half ihr im Haus beim Streichen, Putzen, Blumenumtopfen und allem, was so anfiel. Sie zeigte mir auch, wie man Butter und Käse herstellt und wie man spinnt. Das war einfacher gesagt als getan. Nein, Dornröschen war nicht zu beneiden. Nicht, wenn es ums Spinnen ging, doch der Prinz hätte mich gerne wachküssen dürfen.

Morgens stand ich als Erste auf. Ich war schon um sechs Uhr morgens wach und machte bereits knapp eine halbe Stunde später die »barn chores« (Stallarbeit). Danach half ich Mary Frühstück vorzubereiten. Wir frühstückten zusammen und besprachen alle weiteren Aufgaben des Tages. Wobei es natürlich vielfach anders kam als geplant.

Wir wohnten in einem alten Holzhaus, das von außen schnuckelig war. Der Nachteil war bloß, dass im alten Holz Abertausende von Mückenlarven und Marienkäfern saßen. Jeden Tag saugte ich Staub. Da der Staubsauger so laut war, trug ich Ohrenstöpsel. Und doch gab es jeden Tag aufs Neue Fliegen und Marienkäfer. Irgendwann gab auch ich auf. Schließlich gab es viel Anderes und Wichtigeres zu tun.

Es gab eine Badewanne ohne Vorhang, so dass ich kniend duschte. Und von Mary befragt wurde, wie ich denn dies anstellte, ohne Vorhang zu duschen. Der »Thron« (das Klo) wackelte buchstäblich, war aber funktionstüchtig. Im Keller galt es den Kopf einzuziehen, da die Decke sehr niedrig war und daran auch noch viele Rohre und Leitungen verliefen. Der Kellerboden, oder sagen wir: die Kellererde, war uneben, da der Boden aus blanker Erde und Dreck bestand. Schon bei leichter Schneeschmelze durchzog ein breites System aus Flüsschen und Pfützen die Erde. Schwimmwesten für den Notfall konnte ich dennoch nirgends erblicken. Da half ungläubiges Kopfschütteln meinerseits auch nichts. Das war eben das »rural« (ländliche) Kanada.

Wenn Mary nicht so nett und herzlich gewesen wäre, hätte ich das Handtuch, oder passender: die Mistgabel, schon lange geschmissen und wäre wieder abgereist. Neben ihrer vielen täglichen Arbeit, ihrer Scheidung, dem Seifengeschäft und was sonst noch allem wurde Mary nicht müde, Zeit für mich zu haben, mich mit zu ihren Freunden zu nehmen, mit mir zu Veranstaltungen zu gehen und mich auf den einen oder anderen Kaffee einzuladen. Im Gegenzug war ich ihre Freundin und Gesprächspartnerin in ihrer schwierigen Zeit. Lachen musste ich immer über ihre Fragen, die nicht wie im Englischen üblich mit einem Fragewort begannen, sondern normale Sätze waren, an deren Ende ein »eh« (ausgesprochen »ay«) angehängt wurde, was wohl so viel wie »sag mal« bedeutete. Am Ende des Satzes wurde die Fragestellung mit einer Anhebung der Stimme untermalt.

Manchmal ging ich zum sonntäglichen Gottesdienst mit. Gerne dann, wenn es ein sogenanntes »potluck« (anschließendes gemeinsames Mittagsbuffet, zu dem jeder etwas beisteuerte) gab. Auf der Fahrt sagte Mary zu mir, dass sie kleine Autos nicht leiden könne, das heißt Autos einer »normalen« Größe, wie sie in Deutschland üblich sind. Natürlich fuhr sie wie die anderen Farmer, Hobbyfarmer und viele andere auch einen Riesentruck. Ich sagte zu ihr, dass es in Deutschland die Ausnahme sei, große Autos zu fahren. Ungläubig schaute sie mich an. Wie denn dann in Deutschland die Menschen ihre Tiere transportieren würden, ohne Truck? Da schaute ich sie mit drei Fragezeichen in den Augen an. Ich antwortete, dass in Deutschland außer den Bauern niemand anders Tiere zum Schlachter fährt, da Nichtbauern keine Tiere wie Kühe und Schweine hätten. Das löste Unverständnis bei meiner Fahrerin und Farmerin aus.

Mit den Ziegen hatte ich mich angefreundet und auch eine Lieblingsziege gefunden: Sie war ein Jahr alt, und ich taufte sie auf Schnucki (so hieß die kleine Ziege von Heidi). Morgens erwartete sie mich, und ich erwartete sie außerhalb der Box, denn sie kletterte durch die Öffnung vor dem Wassereimer raus. Meistens schon, nachdem ich abends nach dem rechten geschaut hatte und die Stalltür schloss. Morgens schaute sie mich dann an und legte dabei ihren eigenwilligen Kopf auf die Seite. Einfangen ließ sie sich selten. Oft war ich nach getaner Arbeit im Stall der einjährigen Ziegen, den ich liebevoll »Kindergarten« nannte. Im Englischen ist das übrigens das gleiche Wort, nur wird anstelle des »t« ein »d« verwendet. Irgendwann wurde ich kreativ, bemalte ein Holzstück mit der Aufschrift »Kindergarden« und verzierte es mit vielen bunten Blümchen.

Gerne spielte ich mit den kleinen Ziegen, und Schnucki wurde immer mutiger, sogar übermütig. Sie zupfte an meinen Klamotten, »hauchte« mir ins Ohr, knabberte an meinen Ohrläppchen und saugte an meinem Kinn. Begeistert und mit viel Lachen ließ ich sie gewähren. Auch die anderen Zicklein wurden nun immer zutraulicher.

Während meiner Arbeit war ich »busy«. Jeden Morgen und Abend mussten alle Tiere mit Heu gefüttert werden, die weiblichen Ziegen, die bald Mütter werden würden, später auch mit »grains« (Körnern). Dann waren Eimer mit lauwarmem Wasser zu schleifen, die Ziegen wurden im Winter dadurch angeregt, mehr zu trinken. Witzig war es immer zuzuhören, wenn sie sich auf ihr Heu stürzten. Es gab malmende, schnaubende, pustende, prustende und kauende Geräusche. Manchmal ertönte ein bis ins Mark durchdringendes »Määhhhh«, das klang, als sei jemand am Ersticken. Eilig rannte ich in die Richtung und konnte eine Ziege, die sich zu weit ins Futter lehnte und womöglich noch mit einer anderen Ziege in einem Futterplatz zusammenstand und fraß, befreien und so vor dem nahen Erstickungstod retten.

Mary hatte Alpine Ziegen und Nubiens. Nubien-Ziegen sind die mit den hängenden Ohren. Sie sind für ihr schreckliches Geschrei bekannt und deswegen nicht jedermanns und -fraus Sache. Auch ich schüttelte ungläubig den Kopf, wenn ich sie, ohne ersichtlichen Grund, derart blöde schreien hörte. Alle Ziegen haben Hörner, doch aufgrund der Verletzungsgefahr ist es üblich, die Hörner schon im Kindesalter der Ziege abzubrennen oder mit Gummis zu versehen. So wird das Horn nicht mehr mit Blut versorgt und stirbt schließlich ab. Bei einigen Ziegen stellte ich zwei kleine »Bömmel« links und rechts des Halses fest, wohl ein Überbleibsel aus vergangenen Zeiten. Manche Ziegen sind Bartträger, andere nicht. Dabei ist es unerheblich, ob es sich um eine männliche oder weibliche Ziege handelt.

Ziegen, so lernte ich, sind »die Kühe des armen Mannes«. In vielen afrikanischen Ländern hält man sich deswegen leichter Ziegen als Kühe, denn Ziegen brauchen nicht die Menge an Futter, fressen auch Nadelbüsche und -bäume und sind überhaupt sehr genügsam. Sie brauchen auch nicht so viel Wasser wie eine Kuh. Wie Kamele trinken sie sehr viel auf einmal, und dies hält dann auch lange vor. Im Gegensatz zu Kamelen können sie Wasser aber nicht speichern. Ziegen sind mit Kühen zu vergleichen, weil sie Wiederkäuer sind und auch vier Mägen haben. Das hatte ich vorher nicht gewusst. Als ich die Wissenslücke Mary gestand und mir dabei etwas dumm und unwissend vorkam, sagte sie zu mir, sie wisse auch erst seit drei Monaten, dass Ziegen Wiederkäuer seien. Das konnte doch wohl nicht wahr sein! Sie hielt Ziegen seit immerhin schon zwölf Jahren

An dieser Stelle muss ich nun heftige Kritik loswerden. Es ist schön, dass die Menschen in Kanada freier leben können als in Europa, sich eigene Tiere halten können, dass sie die Tiere selbst aufziehen und füttern, dass sie wissen, wo ihr Fleisch herkommt und was sie essen. Was ich aber stark bemängele, ist die Tatsache, dass JEDER, der nur die Möglichkeit und genug Platz hat, sich alle möglichen Tiere halten kann. Egal, ob er sich mit den Tieren auskennt und weiß, wie man sie hält, pflegt und füttert, geschweige denn Erfahrung mit schwangeren Tieren und Geburten hat oder mit Krankheiten, die die Tiere befallen können. Ein Tierarzt wird selten bis gar nicht zu Rate gezogen. Man hat die Tendenz und den Willen, alles selbst zu machen, nach eigenem Gutdünken. Das ist nicht in Ordnung und gegenüber den Tieren nicht gerecht, auch wenn die »Hobbyfarmer« nachher ihr eigenes, aufgezogenes, gesundes Fleisch essen können.

Immer wieder habe ich gesehen, dass Tiere im Dreck standen, nicht regelmäßig Wasser und nicht nur frisches Wasser bekamen. Generell erschlossen sich mir die Essensrationen und die Qualität des Futters nicht immer. Auch die Bereitstellung von Wasser für die Tiere war eine mittlere Katastrophe. Natürlich gab es meistens keine automatische Wassertränke, geschweige denn einen Schlauch in der Nähe. So musste das Wasser für die Tiere mit Eimern angeschleift werden – eine der beliebten Aufgaben für die WWOOFer »from all over the world« (aus der ganzen Welt). In

Winter hätten die Tiere, wie es die wilden Tiere auch tun, Schnee fressen sollen. Für schwangere Ziegen ist das sogar schädlich. Doch manche »Hobbyfarmer« wussten nicht, ob ihre Tiere schwanger waren oder nicht.

»Hobbyfarmer« oder solche, die es werden wollten, lasen sich ihr Wissen aus einem Buch oder, wenn sie cleverer waren, aus mehreren Büchern und dem Internet an. Doch ich denke nicht, dass das reicht. Ich bin nicht dafür, dass Tiere in Massen gehalten werden und nie das Sonnenlicht sehen. Ich bin aber auch nicht dafür, dass unkundige Menschen alle Arten von Tieren halten können, nur damit sie wissen, wo ihr Fleisch herkommt. Auch das ist nicht gerecht gegenüber den Tieren. Und es ist auch nicht sinnvoll vor dem Hintergrund, Energie und Ressourcen zu sparen. DAZWISCHEN muss die Lösung liegen.

Der Winter hielt auch die Provinz Ontario, deren Slogan »Yours to discover« (Von dir zu entdecken) lautet, fest im Griff. Das Futterheu war auf einem trailer im Freien abgestellt und provisorisch mit einer Plane abgedeckt worden. Diese war mit Bändern an Holzlatten, die mehr schlecht als recht an einem Schuppen befestigt waren, fixiert. Jeden Morgen und Abend war es ein Kampf, an das Heu zu gelangen, musste doch vorher, soweit es ging, der Schnee abgekehrt werden. Und das war nicht immer ungefährlich.

Dann ging das Feuerholz für den üblich kanadischen Holzofen aus, und Mary musste die elektrische Heizung anmachen. Das war nicht nach ihrem Willen, denn sie wollte und musste Geld sparen. Sie wollte »off the grid«, also unabhängig von Elektrizität, leben. Fürs Holzmachen braucht man aber das nötige Equipment und Benzin sowie Zeit und Know-how. Und die nötige physische Kondition. Sie hatte jedoch Probleme mit ihrem Rücken und musste starke Medikamente einnehmen.

Außer den WWOOFern und manchen Freunden hatte sie niemanden, der ihr hin und wieder aushalf. Niemanden, der auf der Farm mitarbeitete. Das war für mich unverständlich. Wie konnte man sich so etwas antun? Sie hatte die Farm bereits gehabt, lange bevor sie einen Partner hatte und später geheiratet hatte.

Immer mehr konnte ich mich in die Lage der Farmersfamilien hineinversetzen. Viele Kinder wollten und konnten die Farmen, seien diese gewerblich oder als Hobbyfarm gedacht, nicht übernehmen. Weil es harte körperliche Arbeit bedeutete, ohne wirkliche Sonn- und Feiertage. Die jungen Leute wollten nach der geregelten Arbeit ihren Feierabend genießen und hatten Jobs in der Stadt oder Umgebung. Das war auf allen Farmen, die ich kennengelernt hatte, so gewesen. Die Kinder lebten ein Leben in Richtung der nächsten Stadt, um ihrer dortigen Arbeit nachgehen zu können. Ihre Eltern oder auch Alleinstehende brauchten fremde Hilfe, da sie dem Farmeralltag mit voranschreitendem Alter nicht mehr gerecht werden konnten. Sie alle waren und sind auf die WWOOFer angewiesen. Ohne diese Helfer wäre ein Leben auf dem Land oftmals nicht möglich gewesen.

Holz zu machen bedeutet Schwerstarbeit und es beansprucht eine Menge Zeit, die wiederum auch Geld kostet. Das sah Mary jedoch nicht ein. Was sollten wir machen? Sie selbst konnte es nicht mehr, so musste ein Bekannter aushelfen. Nach dem nächsten Schneefall rückte er an und fällte mit seiner Motorsäge mehrere Bäume auf dem Grundstück. Ich hatte keine Erfahrung im Bäumefällen, geschweige denn im Umgang mit einer Motorsäge, und schon gar nicht im Schnee. Nein, bei diesem »Canadian Experience« konnte und wollte ich nicht mitmachen, das war mir zu gefährlich. Keine Frage war aber natürlich, dass ich das Holz aufsammelte und in den »Erdkeller« trug. Danach hatte ich den Winter endgültig satt und konnte und wollte kein Feuerholz mehr sehen.

Zusammen besuchten wir eine weitere gute Freundin von Mary. Sie lebte mit ihrem Mann und zwölf (!) Kindern im Wald »off the grid«. Die Elektrizität bekamen sie mit Hilfe von Generatoren, die nicht immer betrieben wurden. Alle Kinder wurden »homeschooled« (daheim unterrichtet). Die Familie war streng gläubig und gehörte, wie meine host, der presbyterianischen Kirche an. Sie wohnten in einem kleinen Häuschen, bei dem die Zeit stehengeblieben schien. Obwohl sie arm waren, boten sie uns Tee und Obst an. Eine Tasse Tee nahm ich an, doch das Obst versagte ich mir. Alle waren sehr nett, die zwölffache Mutter, mit Kindern im Alter von vier bis 20 Jahren, recht entspannt. Zeit war vorhanden, ich fühlte mich sofort wohl. Auch die Kinder waren anders als andere, die Jüngeren spielten miteinander, die schon Älteren halfen tatkräftig mit bei allem, was gerade anstand. Für mich war das wieder mal eine tolle Erfahrung.

Am Wochenende darauf gingen wir in einem Pfannkuchenhaus »pancakes« (dicke Pfannkuchen) mit Ahornsirup essen. Zudem gönnte ich mir gleich noch Ahornsirupwürstchen. Es schmeckte köstlich! Um das Pfannkuchenhaus herum sah man »maple trees« (Ahornbäume), aus deren Baumstämmen der berühmte, wohlschmeckende Saft floss. In bläulichen Plastikröhrchen wurde er aufgefangen. Jeder Baum hatte ein schmales Röhrchen, das in eine größere Pipeline mündete. Diese pumpte allen Saft in riesige Tanks, in denen der Saft zu Sirup gekocht wurde.

Nach dem sehr leckeren Essen besuchten wir das nahegelegene Museum. Dort erfuhr ich, dass es etwa 130 verschiedene Sorten an Ahornbäumen gibt. Nur bei zwei oder drei Sorten kann aber aus dem Saft Sirup für den Verzehr gewonnen werden. Die meisten dieser Ahornbäume gibt es in der Provinz Quebec und im Osten Ontarios. Das Gewinnen von Ahornsaft läutet den Beginn des Frühjahrs ein, denn um den Saft für den späteren Verzehr auch einkochen zu können, müssen tagsüber Temperaturen oberhalb des Gefrierpunktes und nachts unterhalb des Gefrierpunktes herrschen.

Die Kunststoffleitungen werden im gewerblichen Bereich verwendet. Viele Kanadier bohren die Stämme ihrer Ahornbäume an und drehen eine Art Vorrichtung in den Baumstamm, an der gleichzeitig ein Haken für den Eimer hängt. Üblicherweise hat der Eimer einen Deckel, damit keine Insekten reinfallen. Um Sirup herzustellen, braucht man allerdings eine Menge Saft. Genau gesagt ergeben 40 Liter Saft einen Liter Ahornsirup. Dieser hat unterschiedliche Farben und entsprechend unterschiedliche Qualitäten. Je länger der Sirup eingekocht wird, umso dunkler die Farbe und umso intensiver der Geschmack.

An meinem letzten Tag auf der Ziegenfarm fuhr Mary mit mir nach Ottawa und zeigte mir das riesige Regierungsviertel. Dann kosteten wir auf dem Marktplatz den berühmten »beavertail« (Biberschwanz), ein in

Fett gebackenes längliches Gebäck aus Vollkornmehl und mit verschiedenen süßen »toppings« (Belagen).

Bei unserem Abschied überreichte Mary mir ein riesiges selbsthergestelltes Seifenpaket. Als »Kracher« obendrein schenkte sie mir eine Brosche: einen Marienkäfer! Als ich ihn erblickte, schrie ich laut auf vor Freude.

13 Je me souviens ...

Montreal (Quebec): 11.–15.03.2012

Willkommen im zweisprachigen, frankophonen Montreal! Das Motto
»Je me souviens« (Ich erinnere mich) steht auf den Nummernschildern
der Autos der französischsprachigen Provinz Quebec. Geschichtlich und
kulturell gesehen bezieht sich dieser etwas nostalgische Spruch auf den
Verlust, den die Franco-Kanadier im Jahre 1763 erlitten. Damals waren sie
von den Briten in Quebec City im Ausklang des Siebenjährigen Krieges
(1756 bis 1763) militärisch geschlagen worden – und alle Träume von der
neuen Welt, regiert von der französischen Sprache und Kultur, waren auf
alle Ewigkeit verloren.

Zum Glück der Quebecer waren die Engländer in den nächsten zehn
bis 20 Jahren selbst überfordert im militärischen Sinne, durch die Un-
abhängigkeitsbewegung der 13 Kolonien zu den USA, die 1776 durch
Revolution entstanden waren. Daher machten die Engländer mit Quebec
(und dem Gutachten vom Vatikan) ein stilles Abkommen. (Frankreich
war immer sehr stiefmütterlich, zudem hatte es 1789 mit der eigenen Revolution zu kämpfen. Nach dem Verlust von 1763 war es daher kaum noch
interessiert an Quebec.) Die Engländer erlaubten den Quebecern, ihre
eigene Sprache und katholische Religion in ihrem Bereich fortzuführen,
sie durften aber nicht gegen England agitieren oder einem Feind helfen.
Dieser Kompromiss passte für Generationen. Die Etablierung der zwei
Muttersprachen wurde zum Grundstein, als Kanada im Jahre 1867 selbst
eine Nation wurde. »Je me souviens« erinnert jede folgende Generation
an das, was einmal war und was hätte sein können.

Montreal hat einiges zu bieten und zu entdecken. Ich fühlte mich von
Anfang an wohl. Nach der langen, anstrengenden Zeit als WWOOFerin

wollte ich nun ein paar Tage Urlaub machen. Ich übernachtete in einem »art-hostel« (Kunst-Herberge) in »Vieux Montreal«, dem ältesten Stadtteil, mit Kopfsteinpflastern und alten Häusern. Kaum angekommen machte ich mich auf, die Stadt auf eigene Faust zu erkunden. Es zog mich Richtung Hafen. Bei frühlingshaften Temperaturen schlenderte ich gemütlich am Kai entlang. Ich begegnete vielen Menschen – so vielen wie schon lange nicht mehr.

Im pinkfarbenen Schlafraum öffnete ich das Trinkgeldgeschenk von meinem Lieblingskunden der Heu-Ranch in Britisch Kolumbien. Es war als Hemd zusammengefaltet. Beim Auseinanderfalten staunte ich nicht schlecht, als ich 20 Dollar erblickte. Auf meinen Kunden trank ich, wie mit ihm ausgemacht, einen »toast«.

Abends im Zimmer lernte ich zwei sehr nette Schwestern aus dem Bundesstaat New York und aus New York City kennen. Wir unterhielten uns gut, und ich wurde gebeten, mich bei einer von ihnen zu melden, wenn ich später wie geplant in New York sein würde. Als sie erfuhren, dass ich mir am Schluss meiner Reise die Niagarafälle anschauen wollte, meinten sie spontan, ich solle dann bei ihren Eltern in Buffalo, unweit der berühmten Wasserfälle, übernachten und mir so das Geld für die Übernachtung im hostel sparen.

Am nächsten Tag wanderte ich auf den Hausberg Mont Royal, dem Namensgeber der im St.-Lorenz-Strom gelegenen Millionenmetropole. Ehrfürchtig besichtigte ich auch die Basilika Notre-Dame de Montréal, in der einst die berühmte Sängerin Céline Dion geheiratet hatte. Von dem Kirchenschiff war ich total begeistert. Danach lief ich durch die Stadt bis zu den unterirdischen »shopping malls« (Einkaufsläden). Wahnsinn!

Als der nächste Tag einen unangenehmen Regen-Schnee-Mix mit sich brachte, blieb mir nichts anderes übrig, als in den Untergrund »abzutauchen« und die unübersichtlichen Shoppingmöglichkeiten zu erkunden. Das System aus Tunneln und Geschäften zieht sich über 30 km entlang. Leicht kann man sich da verirren, auch mit einem Plan in der Hand. Abends schlenderte ich auf einem anderen Weg zum hostel, bewunderte sehr schöne alte Häuser und Gebäude, schicke Boutiquen, deren Auslagen und viele Kunstläden. Die Gebäude waren toll beleuchtet. Montreal gefiel mir – sagte ich das nicht bereits?

Ich kam mit mehreren Leuten aus aller Herren Ländern ins Gespräch, das ist das Schöne an Jugendherbergen. Ich unterhielt mich auch mit einer Studentin, die nebenbei an der Rezeption des ausgefallenen hostels jobbte. Ich sprach mit ihr hauptsächlich Englisch. Sie wunderte sich, warum Leute nach Quebec reisten, die kein Wort Französisch sprachen. Da antwortete ich ihr mit einer Gegenfrage: Wenn Touristen aufgrund mangelnder Französischkenntnisse das Reisen in ihre Provinz unterlassen würden, wie viele Touristen gäbe es dann überhaupt noch in Quebec? Da schaute sie mich aus großen Augen an.

Generell kam ich in Montreal gut mit meinem Englisch weiter. Wie im Reiseführer beschrieben, hatte auch ich in manchen Restaurants den Eindruck, nicht ganz so zuvorkommend bedient zu werden wie Gäste, die französisch sprachen. Irgendwie verrückt! So zückte ich meinen kleinen Sprachführer und »erinnerte mich«, ganz nach dem Motto »Je me souviens«, an meine Grundkenntnisse der französischen Sprache. Wenn ich angesprochen wurde, reagierte ich gewohnheitsgemäß mit Englisch. Zuvorkommende französischsprechende Quebecer, die dank mir auf die englische Sprache umschwenkten, belohnte ich mit einem »Merci« (Danke) und »Au revoir« (Auf Wiedersehen). Selbstverständlich gab es ein Lächeln mit dazu. Was die Quebecer wohl machen, wenn sie nach Europa reisen? Alle verschiedenen Sprachen lernen? Theoretisch müssten sie genau das tun. Aber unter Garantie würden die wenigsten weiter als nach Frankreich reisen können.

Der nächste Morgen verlief gemütlich. Ich ließ mir viel Zeit beim Frühstücken, denn an diesem Tag wollte ich auch schon wieder auschecken und von Montreal nach Toronto und von dort nach St. John's in Neufundland fliegen. Ich freute mich, endlich wieder fliegen zu dürfen und was Neues zu beginnen. Den ganzen Tag strahlte ich wie ein Honigkuchenpferd.

Auf meinem Flug von Toronto nach Neufundland lernte ich Chris, einen Angestellten einer Sicherheitsfirma aus Toronto kennen. Wir lachten bei unserer Unterhaltung viel. Zum Glück konnte das Flugzeug in St.

John's landen, denn Eisregen war angesagt. In der Nacht –oder war es schon morgens? Naja, Ansichtssache – kam ich heil am Flughafen an und fuhr mit dem Taxi zu meiner nächsten WWOOFing-Station.

14 Geschenk vom Osterhasen

St. John's (Neufundland), WWOOFing 7: 16.03.–17.04.2012

Meine zukünftige host, eine ältere Dame, empfing mich mit einem bellenden schwarzen Hund an der Hand. Hastig trat ich ein und freute mich auf mein Bett. Da ich um drei Uhr nachts angekommen war, durfte ich morgens ausschlafen. Ich freute mich über ein sauberes Gästehaus, ein sauberes eigenes Zimmer und ein Gemeinschaftsbad – und schlief die ganze Nacht wie ein Stein.

Nach dem Aufstehen duschte ich und versuchte durch das Badfenster in Form eines Bullauges einen Blick nach draußen zu erhaschen. Außer Nebel war aber nicht viel zu sehen. Überrascht war ich, beim Frühstück eine andere WWOOFerin zu treffen. Davon hatte Chrissy, meine host, nichts berichtet, aber gut, umso besser, ich freute mich über die Gesellschaft. Sie hieß Jenny, hatte gerade erst ihr Abitur gemacht und kam »natürlich« auch aus Deutschland. Auf meiner Reise durch Kanada und während verschiedener WWOOFing-Aufenthalte hatte ich viele Deutsche und deutschstämmige Menschen getroffen.

An Tieren gab es zwei Ziegen, die beide wohl schwanger waren, 20 Hühner unterschiedlichster Größen, drei Katzen und einen Hund – Nana. Mit Nana würden Jenny und ich später einen Teil des East Coast Trail hiken. Wobei »hiken« nicht der richtige Ausdruck ist – aber davon später mehr. Durch den Eisregen war alles mit einer dicken Eisschicht überzogen und sehr glatt. Dass Hund Nana sehr schlecht an der Leine zu führen war, machte den Spaziergang nicht unbedingt ungefährlicher.

Im Laufe der folgenden Tage kamen immer wieder Nachbarn und Leute vom Ort zu Besuch. An Arbeit gab es so gut wie nichts zu tun. Es wurde von uns erwartet, das Geschirr zu spülen, aufzuräumen und das Gästehaus für die kommende Saison in Ordnung zu bringen und sauber zu halten. In der angrenzenden Haushälfte, wo unsere host schlief, standen zwar Renovierungsarbeiten in Küche und Büro an, die sollten aber erst in der kommenden Woche vonstatten gehen. Nach Monaten langer Arbeitstage und mühseliger körperlicher Arbeit schien dies hier das Paradies zu sein. Die Spaziergänge mit Nana wurden als Arbeitszeit angerechnet. Tauchten wir nach zwei Stunden mit dem Hund wieder auf, wunderte sich Chrissy, dass wir schon zurück waren. Gearbeitet wurde hier vier Stunden täglich an sieben Tagen die Woche.

Die eigentliche Arbeitswoche, in der die Küche gestrichen wurde und im Büro der Boden abgeschliffen werden sollte, war nicht so anstrengend wie gedacht, zumal wir ja zu zweit waren. Abends schauten wir einen von Chrissy ausgeliehenen Film an.

Das Wetter wurde zwischendurch besser, die Temperaturen milder, das Eis schmolz. Die Aussicht vom Gästehaus war grandios: Haus und Stallgebäude waren in einem Halbrund um die Wiese ausgerichtet, am Ende des Grundstücks stand sogar eine Sauna, mit einem großen Balkon drum herum. Auf dem Deck des riesigen Balkons, mit Blick auf den offenen Ozean, konnte man bei schönem Wetter relaxen. Es war atemberaubend, den offenen Atlantik zu bestaunen, das Geräusch der Wellen auf sich wirken zu lassen und zu entspannen. Weit draußen im Ozean war oftmals Packeis zu sehen, und mit Glück erspähte man vorbeitreibende Eisberge. Frühmorgens erlebte ich, wenn die Sicht klar war, einen Sonnenaufgang, wie er im Buche steht.

Eines Tages machten Jenny und ich uns mit Hund Nana auf, den East Coast Trail nach Cape St. Francis zu wandern. Der schmale Pfad an den Klippen war auf dem ersten Teil der etwa acht Kilometer langen Strecke gut zu bewältigen. Immer wieder machten wir an Aussichtspunkten Halt und genossen den Anblick der von Wellen umtosten Klippen. Der Pfad wurde dann schmaler, es lag mehr Schnee auf dem Weg. Einzelne Stellen waren vereist. Eine Rückkehr war nicht mehr möglich. Es fiel uns immer schwerer zu gehen, ohne gleichzeitig in die eisige Schneedecke einzubrechen. Manchmal war es kritisch, sich ohne Festhalten an einem Baum fortzubewegen. So hangelten wir uns auf einem Abschnitt von Baumstamm zu Baumstamm, alles andere wäre halsbrecherisch gewesen. Wir schwitzten und waren schließlich froh, heil am Ziel anzukommen. Zurück führte der Weg auf einem Schotterweg, der auch für Autos befahrbar war. Im Nachhinein hätten wir uns gewünscht von Chrissy, einer angeblich erfahrenen hikerin, aufgehalten worden zu sein. Nachbarn sagten mir nach diesem Erlebnis, dass der trail nicht vor Saisonbeginn zu hiken sei. Ich stand da mit offenem Mund und glaubte, mich verhört zu haben.

Am Wochenende fand in St. John's ein Konzert mit neufundländischer Musik statt. Jenny und ich sollten danach für ein paar Tage bei einer Freundin von Chrissy übernachten, um so die Stadt erkunden zu können. Vor dem Konzert gingen wir in einer gut besuchten Kneipe »fish and chips« essen (Fisch mit Pommes Frites). Wir freuten uns, einheimische Lieder hören zu können. Nach dem Konzert in kleiner Runde fuhren unsere Gastgeber uns sogar auf den Signal Hill, St. John's Hausberg. Der Wind wehte so stark und es war so kalt, dass wir nach genossenem Ausblick auf die nächtlich beleuchtete Stadt froh waren, wieder im Auto zu sein.

Am nächsten Morgen machte unsere Gastgeberin bei schönem Wetter und sehr kühlem Wind mit uns eine Ausflugsfahrt zum Leuchtturm Cape Spears. Dieser hatte vor fast genau hundert Jahren die ersten Signale der in Not geratenen Titanic empfangen. Von diesem Punkt an der Ostküste liegt Europa näher als Vancouver an der Westküste Kanadas. Wir fuhren weiter nach Petty Harbour, einem urigen, ursprünglichen Fischerdörfchen mit riesigen runden Krabbenfangkörben am Kai. Sogar zum Signal Hill fuhr sie uns nochmal – denn der Ausblick auf die Stadt lohnte sich auch bei Tageslicht. Schließlich chauffierte sie uns zur sogenannten Battery, einer Häuserfront am Fuße des Hausbergs, Richtung Hafen gelegen. Die Häuschen hier waren alle besonders winzig und klein, dazu bunt bemalt, jedes war ein Unikat.

Beim Bummel durch St. John's am darauffolgenden Tag konnten wir an der Hafeneinfahrt einen Eisberg entdecken und bestaunen. Das war ein Anblick! Dann erkundeten wir St. John's auf eigene Faust und machten alle möglichen Läden unsicher. Abends schon wurde Jenny von ihrem neuen host abgeholt.

Der nächste Morgen begann wieder mit einem Ausflug. Die Bekannte von Chrissy war offensichtlich ganz happy, mir »ihr« Neufundland zu zeigen. Neufundland war bis 1949 eine eigenständige Kolonie gewesen. Wir fuhren gen Süden, nach Ferryland und weiter, vorbei an kleinen Fischerdörfchen. Ich sah Neufundlandponys und hatte sogar die Möglichkeit, mit deren Besitzerin zu sprechen. Diese Ponys sind eine vom Aussterben bedrohte Spezies. Abends wurde ich mit einzigartigem Eisbergbier belohnt. Das schmeckte vielleicht gut!

Immer wieder betonte ich, dass ich gerne was im Haushalt mithelfen würde. Das sei nicht nötig, denn hier gebe es nicht viel zu tun, wir würden dann lieber nochmal einen Ausflug machen, hieß es auf meine Frage. Ich lachte und freute mich.

Ein weiterer Ausflug führte uns in den Westen der Avalon Peninsula. Unterwegs bestaunte ich kleine Häuschen, hübsch hergerichtete Gärten, kleine Jagdhütten, Strände, die Landschaft, die » ponds « (Seen) und das kristallklare Meerwasser. Wir sahen eine kleine Villa, die gefiel mir so gut, dass ich ein Foto machen musste. Davor stand ein älterer Mann mit Sonnenbrille. Als wir uns miteinander unterhielten, erfuhren wir, dass er Eigentümer der schnuckeligen Villa war und Besuch zum Mittagessen erwartete. Ich scherzte, dass ich auch was zu essen vertragen könnte. Da meinte er, wenn ich hungrig sei, solle ich mit ins Haus kommen, er habe Fisch da. Ich antwortete ihm, das sei ein Scherz gewesen. Er lud uns daraufhin auf eine Tasse Tee ein. Das wäre in Deutschland ganz sicher nie passiert! Ich freute mich wie eine Schneekönigin. Die kleine Villa sah schon von außen so toll aus, wie mochte es dann erst wohl im Inneren aussehen?

Der Typ, George, erinnerte mit seiner Sonnenbrille an Hugh Heffner vom *Playboy*. Seine Villa, sagte ich zu der Bekannten, sei die »Playboy Mansion«. Als wir die Innenräume betraten, nahm unser Gastgeber die Brille ab. Er führte uns in den Wohnbereich, wo uns ein kuschelig weiches Hundchen kläffend begrüßte. Ich freute mich sehr über den niedlichen kleinen Knuddel, kuschelte ausgiebig mit ihm und lauschte aufmerksam der Unterhaltung meines Gastgebers und meiner Fahrerin. Die Gäste fürs Mittagessen kamen dann recht bald. George reichte uns einen Zettel mit seinem Namen und seiner Telefonnummer und lud uns für ein anderes Mal zum Mittagessen ein.

Die paar Tage Aufenthalt in St. John's weiteten sich – auf Wunsch von Chrissy – auf eine ganze Woche aus. Mir war das gerade recht, so erlebte ich was und konnte mich mit meiner Gastgeberin prächtig unterhalten. Sie erzählte mir unter anderem, dass sie bei der Renovierung ihres alten Hauses einen Elektriker mit verschiedenen Arbeiten beauftragt habe. Ein Bekannter von ihr habe später glücklicherweise festgestellt, dass bei sämtlichen Leitungen die Arbeiten von den »Fachmännern« nicht sachgerecht ausgeführt worden seien. Das ganze Haus hätte abbrennen können. Ungläubig schüttelte ich den Kopf. Dazu muss man wissen, dass es in Kanada nicht üblich ist, eine Ausbildung zu machen. Für viele Berufe gilt: von der Schulbank direkt in den Job. Das rächt sich natürlich langfristig und qualitätsmäßig. Die Regierung bewirbt im Fernsehen Ausbildungen für verschiedene Berufe. So ließe sich leichter »Karriere« machen, heißt es. Kein Wunder, dass in Kanada gelernte Handwerker aus aller Herren Ländern, wie auch Leute mit speziellen Kenntnissen in anderen Fachbereichen, händeringend gesucht werden.

Wieder im kleinen Dörfchen vor den Toren St. John's angekommen, lebte ich mich sehr schnell ein. Das Wetter besserte sich, die Temperaturen stiegen, die Sonne schien am blauen Himmel. Immer mehr Eisberge waren zu sehen, die nun in die offene Bucht trieben. Minuten später änderte sich das Bild schon, und die Eisberge wanderten weiter. Eisberge brechen von jahrtausendealten Gletschern in Grönland ab. Die nur etwa zwei bis drei Prozent, die um Neufundland zu sehen sind, haben eine Reise von einem Jahr bis zu drei Jahren hinter sich. Eisberge gibt es in unterschiedlichsten Farben, Formen und Größen.

Das Wetter änderte sich bald wieder. Ein Sturm mit heftigen Schneeverwehungen kam auf. Die Bucht war an einem Tag komplett mit Eis bedeckt. Die Eisdecke brach aufgrund des Seegangs in viele kleine Stücke auseinander, diese trieben aus der Bucht in den offenen Atlantik.

Meine Aufgaben bestanden nun neben dem üblichen Haushalt darin, ein Bücherregal und einen Schreibtisch zusammenzubauen. Ach ja, fast hätte ich es vergessen: Die Tiere zu versorgen lag nun auch in meinem Aufgabenbereich, doch auch hier gab es nicht viel zu tun. Zum ersten Mal hörte ich, dass nicht alle Eier eingesammelt würden, da die Hühner sonst ihre Nester nicht mehr fänden. Das war absolut lächerlich. Nach meinen Erfahrungen mit Chrissy schüttelte ich nur den Kopf ob solcher »Logik« – und sammelte alle Eier ein (selbstverständlich ohne ihr Wissen). So hatte ich es auf den Farmen zuvor gelernt und das war richtig. Denn die nicht eingesammelten Eier werden von den Hühnern gefressen oder bebrütet, so dass manche Überraschung zu erwarten ist – mehr davon später.

Die Information, dass Chrissy in Kurzurlaub gehen würde, hatte ich nur auf mein Nachfragen erhalten, obwohl er schon länger geplant gewesen war. Für eine knappe Woche sollte ich dann alleine für Haus und Tiere verantwortlich sein. Aber das house sitting hatte ich durch meine Erfahrung ja schon im Blut. Auf meine Frage, was ich denn tun solle, wenn die Zicklein geboren würden, lachte Chrissy. Als Antwort bekam ich ein aufgeschlagenes Buch über Ziegen vorgelegt, auf einer Seite war beschrieben, wie theoretisch (!) bei der Geburt der Jungen zu verfahren sei. Ich solle mir die Seite durchlesen, meinte sie, und in der Praxis müsste ich dann halt kräftig »ziehen«.

Da ich die ältere Frau inzwischen recht gut kannte und wusste, wie ich sie und ihre Informationen einzuschätzen hatte, erbat ich mir Telefonnummern von Leuten vor Ort, die mit Ziegen Erfahrung hatten, und bekam die Nummern dann auch. Schließlich erlaubte ich mir den »Spaß« und fragte, was ich denn bei Minusgraden mit einem jungen Zicklein nach der Geburt tun sollte. Denn in Neufundland war es immer noch Winter, der sich in Form von Eisregen, Schneestürmen und eisigen Winden zeigte. Chrissy lachte laut auf und meinte, dieser Fall wäre dann eben eine »real challenge« (echte Herausforderung)! Angesichts ihrer Reaktion grinste ich in mich hinein. Von ihren Bekannten hatte ich nämlich beiläufig erfahren, dass sie letztes Jahr auch Junge erwartet hatte – vergeblich, keine der beiden Ziegen war je auch nur ein kleines bisschen schwanger gewesen.

Dann war auch schon Ostern, mit »Good Friday« (Karfreitag) und »Easter Sunday« (Ostersonntag), an dem sämtliche Freunde und Bekannte meiner host zum Osterbrunch eingeladen waren. Ostermontag kennen die Kanadier und die Neufundländer nicht, das ist ein ganz normaler Arbeitstag. Am Ostersonntag wurde ich morgens beim Frühstück sogar vom Osterhasen höchstpersönlich begrüßt. In einem Ei aus dem Kühlschrank befand sich ein halbfertiges braunes Etwas, das mir den Appetit auf weitere Eier gründlich verdarb. Das war meine »Osterüberraschung«.

Bei meiner Abreise gab es immer noch keine neugeborenen Zicklein. Zu schade, die wären doch so niedlich gewesen.

15 Letzte »Canadian Experiences«

Antigonish (Nova Scotia), WWOOFing 8: 17.–23.04.2012

Abends wurde ich von meiner neuen host namens Liz, einer netten Frau mittleren Alters, an der greyhound-Busstation abgeholt. Wieder hieß es, sich auf eine neue Situation einzustellen, neue Leute, eine neue Umgebung, neue Regeln und Gepflogenheiten. Ganz ehrlich, so langsam hatte ich es satt, mich immer wieder umzustellen und in ein neues Leben »geworfen« zu werden, ohne dabei die Fäden selbst in der Hand zu haben. Als WWOOFer wird einem immer wieder aufs Neue einiges an Flexibilität, Einfühlungsvermögen, Anpassungsfähigkeit und Improvisationsgabe abverlangt. Aber das sollte nun die letzte WWOOFing-Station sein. Ich hatte nicht mehr viel Zeit übrig, und am Ende meines erlebnisreichen Jahres wollte ich mir vor dem Rückflug nach Germany mindestens noch zwei Wochen Urlaub gönnen.

Liz wartete in ihrem truck auf mich. Sogleich fing sie zu erzählen an. Sie erzählte mir von ihren Kindern – die sie nicht »guys«, sondern »fellows« nannte – und von ihrer Hobbyfarm. Sie lebte zusammen mit ihrer erwachsenen Tochter und zwei Söhnen aus Pflegefamilien, einer 17, der andere 23 Jahre alt. Mehr dazu später. Die Familie lebte nun schon seit 14 Jahren in einem alten Haus. Es gab einen kleinen Stall für die Ziegen, die sie seit jeher bei Wind und Wetter draußen molk. Es waren insgesamt etwa zehn Tiere, alle weiblich, mit Ziegenkindern, die im Februar geboren worden waren und denen aufgrund der großen Kälte teilweise die Ohren abgefroren waren. Wegen Ziegen, so erklärte sie mir, komme kein Tierarzt, hier müsse man alles selbst machen.

Anzutreffen waren auf der Farm noch zwei Hunde, ein deutscher Rottweiler, Seda, und ein Chihuahua-Hündchen namens Bambam. Ein ungleiches Gespann, was sie aber nicht davon abhielt, miteinander zu spielen und zu raufen. Seda war sehr gutmütig und überließ der um vieles kleineren und schwächeren Bambam die Reinigung ihrer Zähne. Dabei sperrte sie ihre Riesenschnauze weit auf und ließ Bambam gewähren, die mit ihrem ganzen Kopf in Sedas Maul zu verschwinden schien.

Ebenso lebten zwei Katzen auf dem Hof. Eine hieß Titten – was im Englischen nicht dasselbe bedeutet wie im deutschen Sprachgebrauch –, die andere Two-Toes. So eine Katze hatte ich noch nie gesehen, geschweige denn überhaupt gewusst, dass so etwas existierte. Denn: der Name war Programm, der Kater hatte an seinen Vorderpfoten noch ein kleines Anhängsel – Daumen! Dabei handelte es sich um einen Gendefekt, der auch beim Menschen auftreten kann.

Liz hatte schwere gesundheitliche Einschränkungen und konnte deswegen nicht mehr so arbeiten, wie sie gerne gewollt hätte. Als wollte sie das Gegenteil beweisen, traf ich sie jeden Morgen am Stallgebäude an und sah sie geschäftig mit Hammer und Nägeln herumhantieren – sie war dabei, den Ziegenstall zu erweitern. Ihre gesundheitlichen Probleme fingen bei Arthritis an, gingen weiter über Knieoperationen und Gewichtsprobleme, und nachts musste sie für eine bessere Sauerstoffzufuhr ein Beatmungsgerät tragen.

Sie hatte im Lauf ihres bewegten Lebens fast 50 Kinder aus Pflegefamilien aufgezogen. Trotz schwerer Schicksalsschläge schien sie stets fröhlich zu sein. Ihre Mutter hatte drei Kinder geboren, bevor ihr Mann sie wegen einer anderen verließ, mit der er wiederum Kinder zeugte. Sie fand einen neuen Mann, mit dem sie zwei Jungen, Zwillinge, hatte. Irgendwann kam ihr erster Mann zurück und bestand darauf, dass sie die Jungen zur Adoption freigab. Mit 18 heiratete Liz. Sie bekam ein Baby, das nur drei Monate später starb. Sie wurde wieder schwanger, kurz darauf zum dritten Mal, wieder ein Junge. Dann starb ihr Mann bei einem Autounfall. Sie heiratete irgendwann wieder, adoptierte ein Mädchen und bekam dann ihr eigenes Mädchen, obwohl die Ärzte beteuert hatten, sie würde nie mehr schwanger werden. Nach der Geburt standen die Überlebenschancen für sie und ihr Kind 50:50. Später folgte die Scheidung von ihrem zweiten

Mann. Kurz nachdem ich die Familie kennenlernte, lag er im Sterben. Ihren Halbbruder hatte sie vor ein paar Jahren erfolgreich suchen lassen, er wohnte in Halifax. Sein Zwillingsbruder war inzwischen verstorben.

Der erste Pflegesohn, der älteste, lebte in der Familie meiner host Liz, seit er vier Jahre alt war. Zusammen mit seinem Bruder, der als gefährlich galt, war er von der Stiefmutter wie ein wildes Tier gehalten worden. Mit Entsetzen lauschte ich der Geschichte, die ich hier nicht näher erläutern möchte. Er war Autist, was in seinem Fall bedeutete, dass er ein fantastisches Gedächtnis hatte, wenn es um Zahlen und Daten ging. Mich begrüßte er, indem er sagte, dass ich der 39. WWOOFer sei. Da er auf einigen Gebieten richtig clever war, war seine Behinderung für Außenstehende nicht immer erkennbar. Leider hatte er die Angewohnheit, wenn ihm etwas nicht passte und er »cranky« (übellaunig) war, seinem Gegenüber, sowohl Mensch als auch Tier, im Verborgenen den Stinkefinger zu zeigen. Anfangs belustigte mich das noch, später wurde dann auch ich richtig »cranky«.

Der jüngere Pflegesohn war oft schon mit dem Gesetz in Konflikt gekommen, wegen Lebensmitteldiebstahl und Drogenkonsum. Er stammte aus einer Familie mit vier Geschwistern. Sein Vater saß im Gefängnis, die Mutter in der Psychiatrie. Alle Kinder waren in Pflegefamilien untergebracht, nachdem die Eltern sich nicht um die Kinder gekümmert und kein Essen für sie gekauft hatten. Auch er hatte einen weiten Weg hinter sich gebracht und kämpfte mit gesundheitlichen Problemen. Sein Körper konnte die lebenswichtigen Stoffe, die über die Nahrung zugeführt werden, nicht verwerten. So hing er jeden Abend an einer Infusion und musste in regelmäßigen Abständen ins Krankenhaus. Seine Infusionen und die ganzen Medikamente kosteten 5000 kanadische Dollar im Monat. Natürlich fragte ich mich, wer die Kosten dafür trug. Nun, Kanada hat kein Krankenkassensystem, wie wir es in Deutschland kennen. Die medizinische Grundversorgung obliegt dem Staat und wird durch einen hohen Allgemeinsteuersatz gespeist.

Die Gegend, in der die Familie lebte, war bekannt für Alkoholprobleme, eine hohe Arbeitslosenrate und eine hohe Selbstmordrate. Nicht gerade rosige Aussichten, oder? Doch obwohl sie in ihrem Leben schon sehr viel mitgemacht hatte und viel hatte erleiden, ertragen und erdulden müssen, war Liz immer zuversichtlich und glücklich. Wo andere zerbrochen wären, bot sie dem Unglück die Stirn und blickte nach vorn. Ihr Motto: »There is always a reason to be happy about.« (Es gibt immer einen Grund, glücklich zu sein.)

Meine Aufgabe bestand zunächst darin, das Haus zu putzen. Das tat ich schon in der zweiten Woche, da es ununterbrochen regnete und eine Arbeit an der frischen Luft unmöglich war. Dann bereitete ich für die Familie den großangelegten Gemüsegarten, oder besser: das Gemüsefeld, für die kommende Aussaat vor und pflanzte Kartoffeln, Zwiebeln und Erbsen. Das Arbeitspensum war mit täglich drei Stunden an sechs Tagen die Woche angesetzt; sonntags hatte ich meinen »day off«. Natürlich waren die drei Arbeitsstunden täglich nicht ausreichend, ich arbeitete um Längen mehr. Doch das tat ich gerne, denn diese Familie war auf die Hilfe von WWOOFern unbedingt angewiesen.

Einen Großteil meiner Zeit war ich mit Holzsplitten beschäftigt. Ich lernte, wie man Käse herstellt und wie man Butter und Joghurt macht. Zudem half ich bei der Erweiterung des kleinen Ziegenstalles mit, der für die Lagerung des Heus dienen sollte. Es ging alles recht schnell. Das Dach wurde von einem erfahrenen Mann mit Nägeln am doch etwas wackeligen Baugerüst befestigt. Nach Fertigstellung und Bezahlung des Mannes stellte Liz beim nächsten Regen fest, dass im Bereich der Nägel Wasser durch das Dach drang. Mehr möchte ich an dieser Stelle nicht schreiben und auf einen weiteren Kommentar verzichten.

Während meines Aufenthalts genoss ich den Genuss frischer, kühler Ziegenmilch. Diese wurde nicht abgekocht, sondern frisch vom Euter durch ein Sieb gegossen und im Kühlschrank gelagert. Schon früher einmal hatte ich ein Glas Ziegenmilch getrunken, war aber über den herben Geschmack und den leichten Geruch nach Ziege nicht gerade erfreut gewesen. Dennoch probierte ich Ziegenmilch hier ein zweites Mal – zum Glück! Ziegenmilch schmeckt nicht nur köstlich, sie ist auch überaus gesund und schlägt die Kuhmilch darin um Längen.

Ziegenmilch ist ganz anders aufgebaut und enthält nur knapp die Hälfte an Cholesterin gegenüber Kuhmilch. Sie ist im Vergleich zur Kuhmilch reicher an Mineralstoffen und sie enthält bedeutende Anteile an fett- und wasserlöslichen Vitaminen und Aminosäuren. Ziegenmilch hat eine andere Proteinstruktur, die Fettkügelchen sind kleiner und leichter verdaulich. Der Anteil der kurzkettigen Fettsäuren ist höher. Ziegenmilch ist reich an Kupfer, Zink, Phosphor, Bor, Titan, Vanadium, Chrom, Calcium, Kalium und Magnesium. Sie enthält die Vitamine A, B1, B2, C, D, E. Das Zusammenspiel der Inhaltstoffe macht Ziegenmilch so besonders. Sie erhalten unseren Körper jung, kräftigen die einzelnen Zellen, fördern die Zellerneuerung und schützen gegen Umwelteinflüsse sowie eine Reihe von Erkrankungen.

Nach der Umstellung auf Ziegenmilch blühen viele leidgeplagte Menschen wieder auf und ernährungsbedingte Krankheitssymptome verschwinden. Ziegenmilch stärkt die Nerven und ist gut bei Neurodermitis, Ekzemen, Asthma, chronischem Katarrh oder Migräne. Regelmäßiges Trinken von Ziegenmilch wirkt sich positiv auf sensible Magen- und Darmstörungen aus. Hautprobleme bekommt man mit regelmäßigem Trinken in den Griff.

Aufsehen erregte eine Untersuchung in Russland, die an der Uni Gießen und in Paris bestätigt wurde: Ziegenmilch kann das Risiko für Krebs senken. Die Wirkstoffe der Milch schützen die Körperzellen vor vielen Schadstoffen, die durch Zigaretten und andere Umweltschadstoffe entstehen. Man hat in der Ziegenmilch eine Substanz namens Ubichion 50 gefunden. Diese Substanz ist für ein reibungsloses Funktionieren des Zellstoffwechsels verantwortlich und sorgt dafür, dass die Zelle länger am Leben bleibt. Ubichinon 50 in der Ziegenmilch ist somit in der Lage, die menschliche Zelle vorbeugend gegen Krankheitsanfälligkeit und vor frühzeitigem Absterben zu bewahren.

Als ich diese Erkenntnisse Liz berichtete, war auch sie ganz erstaunt. Selbst sie hatte nicht alles über das »weiße Gold« gewusst. Was mich wiederum nachdenklich machte, besaß sie nun doch schon Jahrzehnte lang Ziegen. Von ihr erfuhr ich dann aber, dass Ziegenmilch dann »funny«

(seltsam) schmecke, wenn Ziegen Rhabarberblätter gefressen hätten, wenn ein »buck« (Ziegenbock) in der Nähe sei, wenn es eine ältere Ziege sei, wenn zu viele Ziegen auf engem Raum zusammenlebten und wenn die Ziegen gestresst seien. In letzterem Fall könne sich das mit Blut in der Milch auswirken. Richtig gute Ziegenmilch schmecke nach reiner Milch und sonst nach gar nichts. Kein Wunder, dass Heidi in den Bergen Ziegenmilch zu ihrem Lieblingsgetränk erkoren hatte und damit sogar den Ziegenpeter hatte beeindrucken können.

Ziegen zu melken, ist nochmals eine andere Sache. Bei Liz sah es so leicht aus, aber sie hatte ja auch schon jahrzehntelange Übung. Ich bekam aus dem Euter der Ziege erst gar nichts, später einen dünnen Strahl heraus, der jedoch bald wieder versiegte und zudem noch neben dem bereitgestellten Eimer landete.

Von vier weiblichen Ziegen hatte Liz sieben Jungtiere. Bei Ziegen sind Zwillings- oder gar Drillingsgeburten üblich. Von der ersten Maiwoche an wurden die Kleinen von den Müttern entwöhnt. Sie waren in einer kleinen Hütte, die mehr einer Hundehütte glich, untergebracht. Der Auslauf war vier- bis fünfmal größer als die kleine Hütte selbst und war an den Seiten mit einem großmaschigen Drahtzaun abgesichert, oberhalb sogar doppelt. Das Geschrei der Kleinen war markerschütternd und hielt zwei ganze Wochen an. Tag und Nacht. Da schlief ich dann auch entsprechend.

Eines frühen Morgens erklangen aber nicht nur die üblichen Schreie der Kleinen aus dem Gehege. Ein Zicklein schrie um sein Leben! Nervös zog ich mir die Klamotten über den Leib, um nachzuschauen. Eine kleine Ziege hatte sich im oberen Bereich des großmaschigen Zaunes verfangen und konnte sich selbst nicht mehr befreien. Es würgte und lechzte nach Luft. Als ich es befreite, sah ich einen tiefen Striemen entlang des Halses verlaufen. Mich packte eine unbändige Wut. Wie konnte man nur so einen provisorischen Mist bauen! Und das bei angeblich jahrzehntelanger Erfahrung.

Auch das mehr als behelfsmäßige Bereitstellen des Wassers für die Tiere war nichts Neues mehr für mich. In sämtlichen Plastikbehältern stellte man den Tieren Wasser zur Verfügung. Die Behälter wurden natürlich gern von ihnen verschoben und standen nie dort, wo man sie hingestellt hatte, zudem waren sie manchmal stark verschmutzt. Auch konnte nicht immer gewährleistet werden, dass die Tiere zu jeder Zeit Wasser hatten.

Zum ersten Mal während meiner »Canadian Experiences« wohnte ich in einer kleinen Hütte unweit des alten Hauses von Liz. Die cabin war von anderen WWOOFern gebaut worden, die darin keinerlei Erfahrung gehabt hatten. Sie bestand aus einem einzigen kleinen Raum, rechts neben der Tür stand ein einfaches Stockbett, gezimmert aus billigen Holzlatten (»two by four«). Auf der rechten Seite hatte es ein Fenster, einen kleinen Tisch, zwei Lampen, drei Stühle und einen kleinen Kühlschrank, den ich aber ausgesteckt hatte, da die cabin zu dieser Jahreszeit selbst ein Kühlschrank war. An der gegenüberliegenden Seite, bei der undichten Tür, stand ein großes offenes Regal, gefüllt mit allem möglichen Krimskrams, gefolgt von einem selbstgezimmerten Riesenwaschtisch mit einem »sink« (Waschbecken) ohne Wasseranschluss sowie einer einfachen Toilette ohne Deckel, selbstverständlich ebenfalls ohne Wasseranschluss. Wie eine Toilette ohne Spülung funktioniert? Ganz einfach: An der cabin waren zwei Tonnen mit Regenwasser angebracht. Aus diesen schöpfte ich mit einem Eimer Wasser, um die Toilette zu spülen.

Der Abwasserkanal war an ein sogenanntes »septisches System« angeschlossen. Septische Systeme sind Abwasserentsorgungssysteme im ländlichen Raum. Sie tauchen dort auf, wo die Häuser nicht mit öffentlichen Abwassereinrichtungen verbunden sind. Durch das septische System soll sichergestellt werden, dass das Abwasser ordnungsgemäß behandelt wird, bevor es an die Wasserversorgung weitergeleitet wird.

Offen gesagt war ich am Anfang schockiert über die Inneneinrichtung der cabin. Sie kam mir beim ersten Anblick wie eine Gefängniszelle vor. Doch für ländliche kanadische Verhältnisse war sie recht luxuriös ausgestattet, und ich war froh, überhaupt eine Toilette zu haben und kein »outhouse« (Plumpsklo). Ich hatte die Wahl zwischen der cabin oder einer »hut« (Hütte) ohne Klo gehabt, in der es bestialisch nach »weed« (Gras, Marihuana) roch. Es war in Nova Scotia, wie auch im Rest Kanadas, nichts Besonderes und sogar üblich, Gras zu rauchen. Im Westen nannte man es »smoking pot« und im Osten »smoking the magic dragon« (den magischen Drachen rauchen).

Seit ein paar Tagen wurden nun alle älteren weiblichen Ziegen gemolken. Liz war in Betracht der üppigen Milchmengen besorgt. Immerhin hatte sie morgens wie abends eine Gallone, das sind über viereinhalb Liter an Milch. Was sie mit der ganzen Milch machen solle, fragte sie mich. Verwundert schaute ich sie an. Denn ich fragte mich selbst, schließlich wollte ich nicht unhöflich sein, warum sie denn vier Milchziegen hatte. Letztlich schlug ich ihr vor, doch mindestens zwei Ziegen zu verkaufen, dann könnte sie die Hälfte an Heukosten einsparen und hätte gerade so viel Milch, wie sie brauche.

Während meines Aufenthalts auf der Farm änderte sich nichts an der Situation. Typisch Kanadier, dachte ich einmal mehr. Alles irgendwo unlogisch, unorganisiert, nicht durchdacht – und dann wunderten sie sich, wo alles Geld hängenblieb. Nach fast einem Jahr hatte ich mich mit diesem Aspekt ihrer Mentalität immer noch nicht anfreunden können und würde es vermutlich auch nie tun.

Eines Abends machten wir oben auf dem Hügel ein »bonfire« (Freudenfeuer). Wir aßen Burger vom Angusrind. Ich kannte es inzwischen schon: Auch hier wurde der Müll, der eben bei einem »campfire« (Lagerfeuer) anfällt, verbrannt. Aber nicht nur das, mit jedem »Freudenfeuer« wurde auch allerlei Krimskrams, der sich seit dem letzten Feuer angesammelt hatte, verbrannt. Jegliche Belehrungen und Hinweise auf die Umweltverschmutzung ersparte ich mir, das hatte ich inzwischen aufgegeben.

Immerhin wollte Liz auf meinen Vorschlag hin diesmal zwischen ihre Kartoffelpflanzen grüne Bohnen, die sie sowieso jedes Jahr anpflanzte, setzen. Meine Internetrecherchen hatten ergeben, dass die Käfer der Kartoffelpflanze das Pflänzchen der grünen Bohne nicht leiden können, während sich die Käfer der grünen Bohne von der Kartoffelpflanze fernhalten.

Eines Nachmittags war ich mal wieder allein – und traute meinen Augen kaum: Alle Zicklein waren außerhalb ihres kleinen Geheges. Mangels einer anderen Lösung entschied ich mich, sie wieder zu ihren Müttern ins Gehege zu schicken. Das war eine gute Entscheidung. Zu den Ziegen gesellten sich nun zwei »piggys« (kleine Schweinchen), die auf einer Auktion zwei Fahrstunden entfernt für je 50 Dollar ersteigert worden waren. Die beiden sollten bis November gefüttert und dann zum Schlachter gefahren werden. Da die Familie aus den niedlichen Schweinchen während dieser Zeit keine Haustiere machen wollte, bekamen beide keine »richtigen« Namen. Man taufte sie schlicht und ergreifend auf »pork« und »chop« (»pork chop« bedeutet Schweinekotelett). Die beiden waren auf alle Fälle süß, und ich besuchte sie regelmäßig. Jedes hatte zwei Farben, rosa und hellbraun sowie dunkelbraun. Gab eines von den beiden einen tiefen Grunzer von sich, so antwortete das andere mit einem hohen Gegrunze – und schon hatten die beiden ein Gespräch.

Die niedlichen Schweinchen wurden hauptsächlich mit in Ziegenmilch eingeweichtem Brot gefüttert. So hatte der Großteil der Ziegenmilch auch seine Verwendung. Vielleicht »rettete« es die Ziege, die verkauft werden sollte, vor dem Verkauf. Begierig tranken die Schweinchen die Ziegenmilch aus ihrer riesigen Schüssel. Oft artete es so aus, dass aus der Ziegenmilch ein großes Blubberbad entstand. Dabei quiekten sie, dass es eine Freude war, ihnen zuzusehen. Ich brach in Lachen aus, als Bambam mit den Schweinchen Bekanntschaft schloss und versuchte, mit ihnen zu spielen. Das neugierigere der beiden Schweinchen kam mit seiner kleinen »Steckdosennase« auf mich zu, beschnupperte meine Hand und versuchte mich mit seinem Rüssel – ich saß in der Hocke – hochzuheben. Es beschnüffelte auch meine Schuhe, um dann herzhaft hineinzubeißen. Nach nur zwei Wochen waren aus den niedlichen Miniferkeln große Ferkel geworden, sie hatten das Doppelte an Gewicht zugelegt. Nun war es an ihnen, die stets um Aufmerksamkeit heischende Bambam zu jagen.

Das ungleiche Hundegespann hatte viel Spaß beim Herumtoben und Spielen miteinander. Und ich hatte wiederum viel Spaß beim Zuschauen. Rottweiler Seda hätte Chihuahua Bambam leicht wie ein Spielzeug herumschleudern können, doch sie tat es nicht. Seda ließ viel mit sich machen. So teilte sie im Wohnzimmer ihre extra für sie angeschaffte Couch mit mir, während ich die Wärme des einfachen Ofens genoss. Es war regnerisch und immer noch kalt, obwohl es bald Mitte Mai war.

Normalerweise mag ich kleine Hunde überhaupt nicht, doch Bambam mochte ich. Ich hatte zuvor auch keine »gefährlichen« Hunde à la Seda gemocht; sie war, wie schon erwähnt, ein deutscher Rottweiler. Doch auch Seda mochte ich, sie hatte eine gute Erziehung genossen und deswegen auch einen guten Charakter. Familienmitglieder begrüßte sie nicht nur mit Wedeln ihres Stummelschwanzes, sie schnappte sich einen Schuh oder ein Spielzeug und versuchte so Aufmerksamkeit zu erhalten und Eindruck zu schinden. Mich begrüßte sie nach zwei Wochen auch als ein »Familienmitglied«.

Dabei meinte Bambam, der größere Hund zu sein. Was sie an Größe nicht hergab, machte sie durch ihr Gebell und ihre Wichtigtuerei wieder wett. Zu ihrem Frauchen sagte ich, wenn sie nichts dagegen habe, würde ich mit den Hunden nicht nur englisch, sondern auch deutsch sprechen, damit sie eine bilinguale Erziehung genössen. Sie lachte herzhaft.

Lachen musste ich vor allen Dingen, wenn mal nicht alles nach Bambams Schnauze ging und sie cranky wurde. Das passierte recht schnell, oft mehrmals am Tag – daraufhin ritt sie immer einen »croc« (farbenprächtiger Hausschuh aus Kunststoff). Dabei sah sie aus wie ein kleines Känguru. Zum Geräusch des gerittenen crocs gesellte sich ihr Jammern dazu. Seda konnte das gar nicht leiden und knurrte immer, was so viel bedeutete wie: Hör sofort damit auf! Wenn Bambam aufrecht in meiner Armbeuge saß, sah sie für mich aus wie ein Erdmännchen.

Manchmal wurde ich morgens um sechs Uhr von einem Kratzen an der Tür geweckt. Beim ersten Mal rieb ich mir verschlafen die Augen, beim zweiten Mal musste ich dann schon lachen, da ich genau wusste, wer da an der Tür auf mich wartete: Seda! An dem Tag hatte sie sich offensichtlich im größten Dreck gewälzt, sie war nicht nur richtig »mucky« (dreckig), sondern stank auch gewaltig. Seda liebte es, unter dem für Kanada typischen provisorischen Zaun durchzukriechen und die zwei Ferkel im Außengehege zu jagen. Für sie war es purer Spaß, für die Ferkel Stress. Ich lockte den Hund mit Hühnerfleisch in die schmale Badewanne. Dort ließ sich Seda geduldig abbrausen, einseifen und saubermachen. Das Badezimmer sah natürlich hinterher katastrophal aus.

Kurz darauf wurden die neu erstandenen 30 kleinen »meat chickens« (Fleischhünchen) im als Stall umfunktionierten Holzschuppen untergebracht. Liz brachte sie aus der Stadt mit, in einem großen Karton, aus dem aufgeregtes lautes Fiepen erklang. Seda war hellauf begeistert und leckte alle Küken, die sie mit ihrer langen schlabbernden Zunge erwischen konnte, hingebungsvoll. Bambam war sehr ängstlich und verkroch sich hinter und unter mir. Neugierig nahm ich erst ein, dann zwei kleine flauschig weiche Küken in meine Hände und bestaunte sie. Sobald sie in ihrem neuen Stall unter Rotlicht saßen, beruhigten sich die Neuankömmlinge auch schon. Meat chickens setzen innerhalb kurzer Zeit, in sage und schreibe nur zwölf Wochen, recht viel Fleisch an.

Liz bedauerte es, nicht noch ihr eigenes »beef« (Rindfleisch) aufziehen zu können. Welch eine Vorstellung! Man kann eben nicht alles, was man isst, selbst herstellen. Im Kontrast dazu gab es bei dieser Familie oft Burger von einer typisch amerikanischen Fast-Food-Kette, deren Namen ich hier nicht nennen möchte, die aber auch in Deutschland großen Anklang findet. Bis zu diesem Zeitpunkt hatte ich, ungelogen, an einer Hand abzählen können, wie oft ich dort gegessen hatte. Aus einer Hand voll waren nun mehr als zwei Hände geworden.

Manchmal zeigte ich der Familie, wie man gesund kochte und aß, wobei einige der Familienmitglieder schon beim Anblick eines griechischen Salates mit Ziegenkäse die Nase rümpften. Ich schüttelte bei so viel »Unbewusstsein« nur den Kopf. Sollten sie essen, was sie wollten, ich hatte die Nase gestrichen voll von Burgern, fettiger Fertigpizza ohne Geschmack und leblosem Weißbrot mit klebrig-süßem Aufstrich. In aller Ruhe kochte ich regelmäßig mein heißgeliebtes Frühstück – Scottish Oats. Kernige Haferflocken, diesmal in Ziegenmilch gekocht, mit Apfel, Banane und Rosinen, darauf nochmals einen Schluck kalter Ziegenmilch. Welch ein Schmaus! Sogar der ältere Sohn sagte mir, dass er so gut und vor allem so gesund noch nie gegessen habe. Ich freute mich und war doch gleichzeitig traurig.

Als die Tage wärmer wurden, machte die Familie ab und an einen Ausflug zum Strand, ich war immer mit dabei. Das war wie Urlaub!

An einem meiner letzten Tage in dieser Familie erlebte ich wohl mein letztes »Canadian Experience«. An diesem Tag sollte die Hütte, die direkt am Haus stand, auf den Hügel gebracht werden, wo sich auch der Ziegenstall befand. Liz war überglücklich, mich und seit nun einer Woche einen anderen jungen WWOOFer aus Belgien bei sich zu haben. Er war leider Langschläfer und immer bis mindestens zehn Uhr im Bett. Alle drei zusammen könnten wir die Hütte mit Hilfe ihres Quads an die gewünschte Stelle schaffen, meinte sie. Bestimmt wären wir in zwei Stunden fertig.

Natürlich war das wieder einmal leichter gesagt als getan. Nebenbei erwähnt war es der heißeste Tag, den ich auf der Insel erlebte. Auf meinen Rat ließ Liz einen Bekannten kommen, der mit seiner Motorsäge passende Holzstücke sägte, die als Unterlage für die Hütte dienen sollten. Seine spätere Hilfe beim Verschieben der Hütte war unerlässlich. Nicht nur das, es rückte noch ein Nachbar mit Traktor an und später sogar noch dessen Sohn mit Spezialerfahrung. So waren wir sage und schreibe drei Männer, zwei Frauen und drei Jungen, um das »Projekt Hütte« unter Dach und Fach, nein: an Ort und Stelle, zu bringen. Zusätzlich der Traktor, eine wackelige Holzkonstruktion als Unterlage, die ganz und gar nicht mit der Hütte verankert war, und manches »Fachwissen«.

Wir starteten um etwa elf Uhr morgens. Beinahe jeder gab seinen Senf dazu. Nach vielen Beratschlagungen und etlichen Gläsern an Wasser rückten wir die Hütte von ihrem angestammten Platz weg. Was ich nicht bemerkte: Über mir spannte sich die Wäscheleine. Das Dach der Hütte streifte sie, und schließlich riss sie. Mit einem Knall klatschte die Stahlhalterung, mit der die Leine gesichert gewesen war, über meinem Kopf an die Hauswand. Meinem Schutzengel sei Dank, dass mir nichts passierte.

Das Ende vom Lied beziehungsweise von meinem weiteren »Canadian Experience«: Es dauerte bis drei Uhr nachmittags, um diese »Kleinigkeit« zu beenden. Typisch für die Kanadier, lachte ich in mich hinein. Zugleich hatte ich es so satt.

Alsbald stand nun auch der Abschied von dieser Familie vor der Tür. An meinem letzten Tag ließ ich den belgischen WWOOFer vom Autisten morgens um acht Uhr mit Topfschlagen und Trillerpfeife wecken. Er musste es schließlich mal begreifen, dass er nicht beim »couchsurfing« (kostenloses Übernachten bei anderen Mitgliedern der couchsurfing-Plattform im Internet) war, sondern sich als WWOOFer nach dem Alltag der Familie zu richten hatte. So ein fauler Strick! Zum Abschluss gab es von ihm trotzdem ein Wangenküsschen links und eins rechts. Er war zumindest nicht nachtragend.

16 In der Millionenstadt

New York City (New York State, USA): 24.05.–02.06.2012

New York City wird auch als »Big Apple« bezeichnet. »Big Apple« bedeutet übersetzt »Großer Apfel«. Zur Herkunft dieses Spitznamens
existieren verschiedene Theorien. Ein Schriftsteller schrieb Anfang des
19. Jahrhunderts, dass der Rest der Vereinigten Staaten »gerne denkt,
dass der ›Big Apple‹ einen unausgewogenen Anteil des nationalen Saftes
bekommt«, also mehr Geld als andere Städte. Der Sportjournalist John
F. Fitzgerald machte in seiner Kolumne mit dem Titel »Around The Big
Apple« in den zwanziger Jahren die New Yorker Pferdeszene populär.
Der Spitzname bezieht sich auf den Stellenwert der New Yorker Renn-
bahnen, wo im Pferdesport »Big Money« (das große Geld) zu verdienen
war. Für die Pferde, denen das Geld natürlich nicht zu Gute kam, gab es
parallel zum »Big Money« den »Big Apple«, den großen Apfel.

In den dreißiger Jahren wurde der Begriff »Big Apple« zum festen Ausdruck für Harlem und New York als Jazzmetropole der Welt. Die Jazzmu-
siker benutzten ihn damals in folgender Redewendung: Auf dem Baum
des Erfolgs hängen viele Äpfel, aber wenn man New York pflückt, dann
pflückt man den größten Apfel von allen.

Wow! Ich habe schon viele Weltstädte und Metropolen bereist. New
York City, »The Big Apple«, war die absolute Krönung. So viele Dinge
gab es zu sehen und zu bestaunen. Ein Wolkenkratzer überragte den
anderen. Von unten konnte ich oft, direkt vor dem Gebäude stehend,
nicht erahnen, welches Prachtgebäude sich vor mir erhob. Die Insel
Manhattan, östlich des Hudson Rivers gelegen, ist wohl der Inbegriff
des Urlaubs in New York. Wenn wir von New York sprechen, meinen wir
die Stadt, doch New York ist nicht nur eine riesengroße atemberaubende

Weltmetropole, eben New York City, sondern auch: New York – ein Bundesstaat in den USA.

Bei meinem Flug von Halifax nach Toronto und von Toronto nach New York City hatte ich bestes Wetter gehabt und vom Flieger aus die mächtigen Niagarafälle, die in einer Rauchwolke zu verschwinden schienen, bestaunen können. Auf dem John-F.-Kennedy-Flughafen (JFK) angekommen, musste der Flieger einer amerikanischen Linie nach der Landung 20 Minuten warten, um an das Ankunftsterminal fahren zu können. Der JFK Airport ist ein riesiges Flughafengelände und durch einen Zug in der Luft, den Air Train, mit dem Nahverkehrsnetz verbunden. Am Informationszentrum reservierte ich mir einen Platz in einem Sammelbus nach Manhattan.

Geschlagene zwei Stunden war der aufmerksame Fahrer unterwegs, bis ich am Hotel ankam. Die Luft im Kleinbus war stickig, ich war müde, draußen fiel starker Regen – immer wieder, kurz und heftig. Der Busfahrer manövrierte seinen Bus und uns Passagiere geübt, fluchend und wild gestikulierend durch die Straßen der Riesenmetropole. Fasziniert nahm ich unendliche Straßenzüge, Massen an Autos, Hotels und Menschen wahr. Irgendwann schloss ich die Augen, das war mir lieber, als bei jeder knappen Manövrieraktion des Fahrers zusammenzuzucken. Heil im Hotel in Chinatown angekommen, ging ich früh zu Bett, denn ich hatte die Nacht davor am Flughafen in Halifax verbracht und nicht wirklich geschlafen.

Am nächsten Morgen machte ich mich auf und stieg in die kostenlose Fähre nach »Staten Island«, um mir dort ein Museum anzuschauen. Auf der Fahrt ging es vorbei an Ellis Island, einer Insel, an der die damaligen Einwanderer Station machen mussten. Dann sah ich die Freiheitsstatue im Nebel auftauchen. Nur unschwer konnte ich die Augen von ihr abwenden. Das Wetter wurde immer besser, so beschloss ich, nach dem Anlegen der Fähre in Südmanhattan eine Fahrt mit dem Schiff nach Ellis Island zu machen, um das dortige Einwanderermuseum zu besuchen. Das Schiff fuhr auch Liberty Island, die Insel, auf der die Freiheitsstatue steht, an. Leider fanden bei Miss Liberty zu der Zeit Bauarbeiten statt, so dass es nicht möglich war, in die Figur selbst zu steigen. Deswegen schaute ich sie mir vom Schiff aus an und fuhr gleich nach Ellis Island. Um das riesige Museumsgebäude herum standen Unmengen von Tafeln mit den Namen der Immigranten. Der ganze Platz war voll davon.

Auf dem Weg ins Hotel kam ich am neuen One World Trade Center vorbei, befand mich also im Finanzzentrum New Yorks. Dann war ich auch schon beim 09/11-Memorial. Das wollte ich am nächsten Tag besuchen. Von einem freundlichen Polizisten hatte ich erfahren, dass der Besuch nichts koste, man aber übers Internet einen Besucherpass für eine bestimmte Zeit buchen müsse. Da ich an diesem Tag schon so viel erlebt hatte, ging ich müde und voller neuer Eindrücke Richtung Hotel.

Unterwegs überreichte mir eine Dame, die vor einer Pizzeria stand, ein Ticket für den Besuch des Memorials für diesen Abend um 18 Uhr. Wie freundlich! Schnurstracks kehrte ich wieder um, um mir das Memorial anzusehen. Auf dem Gebiet, wo einst die Zwillingstürme gestanden hatten, wurden zwei riesige Wasserfälle, die in die Erde fließen, gebaut. Um die Pools sind auf Tafeln die Namen aller Opfer eingraviert. Nur ein Baum, der Überlebensbaum, hatte die Katastrophe überstanden. Ein Schauer überkam mich, ich setzte mich und versuchte mir die schreckliche Szenerie vorzustellen. Unfassbar.

An meinem ersten Tag hatte ich schon sehr viel erlebt, und New York City hielt noch viele weitere Sehenswürdigkeiten bereit. Am zweiten Tag schlenderte ich im Finanzzentrum die Wallstreet entlang, vorbei an der New Yorker Börse, besuchte die Trinity Church und lief schließlich an Filmarbeiten vorbei. Den Schauspieler konnte ich anfangs nicht ausmachen, kein Wunder, handelte es sich doch um einen Stuntman auf einem Skatebord. Doch dann erspähte ich ihn: Ben Stiller! Aufgeregt erhaschte ich ein paar Blicke und konnte ein paar Fotos machen sowie ein kurzes Video drehen. Der Film, der gerade gedreht wurde, war *Das erstaunliche Leben des Walter Mitty*.

Am dritten Tag wanderte ich die Brooklyn Bridge entlang in den Stadtteil Brooklyn und schlenderte durch schön angelegte Wohnviertel. An diesem Tag zog ich in ein anderes Hotel um, das zentraler lag. So war es für mich einfacher, die Stadtmitte Manhattans mit den vielen weiteren Gebäuden und herrlichen Stadtparks zu Fuß zu erkunden. Ich sah das berühmte Empire State Building und ging, um mir einen Eindruck zu verschaffen, in das riesengroße Kaufhaus Macy's, das einen ganzen Straßenzug einnahm. Hier war von allem viel zu viel: Leute, Waren, Wege. Ich war froh, nicht auf Shoppingtour zu sein Abends lief ich bis zur Mitte der Williamsbrücke, um mir die Metropole bei Nacht anzusehen. Es war einmalig. New York schlief wirklich nicht – niemals.

Meine letzte Unterkunft lag eine Straße vom Broadway und dem Times Square entfernt. Hier steppte nun wirklich der Bär. Unglaubliche Menschenmassen drückten sich die Flaniermeile entlang. Alle hatten das gleiche Ziel: die unendliche Anzahl an Leuchtreklamen zu bestaunen und die einzigartige Atmosphäre zu erleben. Ich besuchte das Wachsfigurenkabinett »Madame Tussauds« und bestaunte die Ähnlichkeit der Figuren mit den echten Personen. Vor einer Musikgruppe stand eine Fotografin. Um ihr nicht vor die Linse zu laufen, wartete ich höflich. Als sie nach einer Weile immer noch nicht fertig war, ging ich schnellen Schrittes vorbei – und merkte, dass es keine »echte« Fotografin war, sondern eine Wachsfigur. Lachend blieb ich stehen und beobachtete andere Menschen, denen ähnliches widerfuhr.

Später fuhr ich mit dem Hochgeschwindigkeitsaufzug zur Aussichtsplattform des Rockefeller Center hinauf. Diese bot einen einzigartigen Ausblick auf den großen Central Park, die grüne Lunge von New York City. Abends besuchte ich das faszinierende Musical *König der Löwen*, das mir unter die Haut ging. Tolle Musik, tolle Darsteller, wunderbar dargestellte Tiere und eine einmalige Bühnenkulisse sorgten bei mir für Gänsehaut. Noch dazu wohnte ich im Theaterviertel und konnte zur Vorstellung spazieren – besser hätte es nicht sein können.

Die letzten beiden Tage verbrachte ich im Central Park. Man kann darin verloren gehen, so riesig ist er. Im Central Park sah ich immer wieder unterschiedliche Landschaftsformen, grüne Wiesen und herrliche Gebäude am Rande des Parks. Ich fuhr mit dem Pferdekarussell, sah das Guggenheim-Museum und lief um das Wasserreservoir, das nach Jaqueline Kennedy-Onassis benannt war.

Beim Abflug vom JFK nach Toronto wartete das Flugzeug eine geschlagene Stunde mit uns Passagieren an Bord, bevor das Abflugsignal kam. Hinter ihm bildete sich eine Schlange weiterer Flugzeuge, bei der ich kein Ende entdeckte. So etwas hatte ich noch nie erlebt. Aber ich war zuvor ja auch noch nie in einer Weltmetropole wie New York City gewesen.

17 Bei den Niagarafällen

Toronto und Niagarafälle (Ontario): 02.–07.06.2012

In Toronto schaute ich mir den Hafen an und fuhr den mächtig hohen CN-Tower hinauf. Dieser hielt einmalige Aussichten über die Riesenstadt bereit. Leider war die Sicht an diesem Tag nicht die Beste. Bei klarem Himmel soll man bis zu den Niagarafällen sehen können. Toronto bietet unendliche Möglichkeiten einzukaufen, Essen zu gehen und auszugehen. Da ich von meinen vielen Eindrücken in New York City noch immer hin und weg war, ließ ich es hier langsamer angehen.

Die Niagarafälle beeindruckten mich sehr. Alleine in einer Minute stürzen unvorstellbare Wassermassen an den breiten Hängen des hundert Meter höher gelegenen Eriesee hinab. Die Niagarafälle unterteilen sich in die Horseshoe Falls auf der kanadischen Seite und in die Bridal Falls auf amerikanischem Gebiet. Nachts werden sie von Scheinwerfern angeleuchtet – das musste ich natürlich erleben!

Die Stadt Niagara Falls hat knapp 100.000 Einwohner und wird so kitschig vermarktet, dass sie auch »Klein Las Vegas« genannt wird. Zu Beginn der Wasserfälle und am »Niagara Parkway« entlang befinden sich jedoch herrlich grüne und bepflanzte Parks, die zum Picknicken und Verweilen einladen. Auch finden sich hier herrliche Wanderwege am Canyon entlang. Ich nutzte die Möglichkeit und fuhr in das benachbarte, kleinere Örtchen Niagara on the Lake. Die Niagararegion liegt in einem Halbrund um den Ontariosee, in den der Niagarafluss mündet. Es ist eine einzigartige Weingegend mit vielen Weinbergen und herrlichem Eiswein, dessen Genuss ich mir nicht entgehen ließ.

Das Ende

Mit den Niagara Falls und Toronto endete meine nun genau einjährige Reise. Ich übernachtete die letzte Nacht in Flughafennähe von Toronto und bereitete mich seelisch auf Deutschland, meine Familie und meine Freunde vor, die ich ein Jahr lang nicht gesehen hatte.

Nun kam es mir seltsam vor, wieder nach Deutschland zurückzufliegen. Kanada hatte ich, trotz allem, in mein Herz geschlossen, es war wie eine zweite Heimat für mich geworden. Immer wieder bin ich froh, dieses einmalige Erlebnis gehabt zu haben. Das bleibt. Niemand kann es mir nehmen. Ich trage es als Erinnerung in mir – solange ich lebe. Dafür bin ich unendlich dankbar.

Ebenso bin ich dankbar, dass ich gesund und ohne Zwischenfälle wieder in Deutschland angekommen bin. Ich sehe nun viele Dinge mit anderen Augen. Ich weiß jetzt, wie viel Arbeit hinter eigens im Garten gezüchtetem Gemüse oder auch frischem Gemüse vom Markt steckt. Fleisch ist für mich nicht nur Fleisch, ich sehe das Tier dahinter und frage mich, ob es ein gutes Leben hatte. Sehe aber auch, wie viel Arbeit dahinter steckt, bis es fertig abgepackt verkauft wird. Ich nehme viele Dinge bewusster wahr. Und genieße mehr. Für mich zählt die Qualität der Nahrung.

Ich habe viel über verschiedene Tiere und deren Gewohnheiten gelernt, neue Rezepte, manches über gesunde Ernährung. Viel lernte ich von anderen Leuten und über Menschen im Allgemeinen. Ich erfuhr viel über das Leben und über mich selbst. Wir können viel mehr, als wir selber jemals denken oder uns zutrauen.

Natürlich hatte ich manches Mal Heimweh, dachte oft an meine Familie und Freunde, besonders an Fest-, Feier- und Geburtstagen. Ich lernte loszulassen, Abschied zu nehmen, mich schnell auf neue Situationen einzustellen und Verständnis für verschiedene Situationen aufzubringen. Ich lernte, dass es gut ist, einen Plan zu haben. Dieser muss aber nicht gleich in Stein gemeißelt werden. Seine Meinung kann man jederzeit ändern.

Das Leben in Kanada ist viel freier, als es in Deutschland ist und jemals sein wird, aber auch sehr hart. Die Freiheit hat ihren Preis und muss hart erarbeitet werden, tagtäglich aufs Neue. Nichts wird einem geschenkt, nicht mal in Kanada. Menschen, die auf dem Land leben, müssen sich um einiges mehr kümmern als die Menschen in der Stadt. Manche Menschen sind sehr einsam und oftmals auf die Hilfe und die Gesellschaft der WWOOFer angewiesen. Deswegen, liebe Auswanderer: Seid gewarnt! Überall auf der Welt gibt es einen Alltag und Probleme.

In Kanada sind frisches Obst und Gemüse sehr teuer, was wohl zum einen an dem doch kühleren Klima liegt, durch das die Reifephase von Obst und Gemüse eingeschränkt ist. Die riesige Fläche des Landes treibt die Preise ebenfalls nach oben, die Ware muss über längere Strecken transportiert werden. In abgelegenen Regionen müssen die Menschen ihre Sachen selbst anbauen, eine Fahrt zum nächsten »Farmers' Market« (Bauernmarkt) wäre viel zu weit.

Es ist toll, dass viele Kanadier sich an die Pioniere, die das Land eroberten, erinnern und von ihnen lernten und lernen. Vieles wird selbstgemacht und ausprobiert. Aber heutzutage ist es schlicht und ergreifend nicht mehr möglich, alles selbstzumachen. Dabei denke ich nicht nur an den Anbau von Lebensmitteln. Es geht um die Viehaufzucht, den Häuserbau, die Kleidung.

Es ist schön, sich zu erinnern, wie es damals war und das teilweise auch zu leben. Aber in der heutigen Zeit wollen und können Menschen nicht auf alles verzichten – schon gar nicht auf ihr geliebtes Auto, ihren Truck. Die Zeiten haben sich stark geändert, und das ist manchmal auch gut so.

Bei meinem »Canadian Experience« habe ich ansatzweise erfahren, wie schwer es für die Pioniere damals gewesen sein muss. Sehr gut kann ich mir nun vorstellen, dass man, wenn man alles selber macht, als Familie den ganzen Tag mit der Nahrungssuche, der Nahrungszubereitung und dem Konservieren von unterschiedlichen Lebensmitteln »busy« sein kann. Mit meinen WWOOFing-Farmen hatte ich meistens Glück gehabt. Auf die Dauer wäre mir das Leben als Farmer, Hobbyfarmer und auch als WWOOFerin (!) zu anstrengend.

Ich bin stolz auf mich selbst, diese Art der Reise alleine gemacht zu haben und mein Auslandsjahr durchgezogen zu haben. Und ich bin glücklich, dass ich Kanada, das Abenteuerland und Traumland vieler Auswanderer, nicht nur als Touristin erleben und erfahren durfte.

Dank

Danke an meinen Freund Gigi.

Besonderer Dank gilt meiner guten Freundin Barby, die mich immer wieder ermutigte, dieses Buch zu veröffentlichen. Ebenso vielen Dank an ihre Schwester Andrea, die mein Manuskript Probe las.

Danke an Maik und Irene für die Unterstützung bei der Covergestaltung.

Vielen Dank an meine Eltern und Geschwister.

Danke an alle Freunde, die mich unterstützten.

Danke an meine Alaskabegleiterin, mit der ich eine unvergessliche Zeit erlebte, die ich nicht missen möchte.

Danke an alle Mitreisenden.

Danken möchte ich allen WWOOFern, die mit mir zusammen arbeiteten und allen hosts, bei denen ich arbeitete, wohnte und mit denen ich zusammen lebte.

Mein Dank gilt auch allen WWOOFern, die ökologische Farmen, nicht nur in Kanada, sondern weltweit mit ihrer freiwilligen Arbeit gegen Kost und Logis unterstützen. Denn ohne sie gäbe es viele ökologische Landwirtschaften und Hobbyfarmen nicht.